向内看见，向外生长

新商业时代女性创富指南

孟芋艺　著

中国纺织出版社有限公司

内 容 提 要

　　本书是以女性视角为主线，专为女性创业者量身打造的一本成长手册。全书分为八章，每一章都围绕女性创业者在商业旅程中可能遇到的关键问题展开。从能量与爱的重要性，到自我成长、产品打造、人脉链接、真诚表达、静默销售、深度服务，再到持续行动，每一部分都是女性创业者成功路上不可或缺的环节。书中不仅提供了实用的商业策略，更重要的是它鼓励女性深入自我探索，发现内在潜力，以能量和爱为核心，构建自己的商业体系。

图书在版编目（CIP）数据

　　向内看见，向外生长：新商业时代女性创富指南／孟芋艺著. --北京：中国纺织出版社有限公司，2025.5
　　ISBN 978-7-5229-1806-8

　　Ⅰ.①向… Ⅱ.①孟… Ⅲ.①女性－创业－指南 Ⅳ.①F241.4-62

　　中国国家版本馆CIP数据核字（2024）第110544号

责任编辑：顾文卓　　　　特约编辑：武亭立
责任校对：王花妮　　　　责任印制：储志伟

中国纺织出版社有限公司出版发行
地址：北京市朝阳区百子湾东里A407号楼　邮政编码：100124
销售电话：010—67004422　传真：010—87155801
http://www.c-textilep.com
中国纺织出版社天猫旗舰店
官方微博 http://weibo.com/2119887771
天津千鹤文化传播有限公司印刷　各地新华书店经销
2025年5月第1版第1次印刷
开本：880×1230　1/32　印张：8
字数：137千字　定价：59.80元

推荐序 1

　　最近一次见到芋艺，她告诉我，她在准备出版一本书，总结自己创业以来的从商感悟和心得，并邀请我为这本即将出版的图书撰写推荐。

　　听闻此事，我由衷的为芋艺感到高兴，并向她表示祝贺。同时，我也建议她可以考虑邀请更有威望的人士来撰写推荐，并表示愿意协助她邀请。然而芋艺笑而不语。我想到，这个决定她应该是认真考虑过，再推脱难免有些见外了，于是欣然接受了她的邀请。

　　我与芋艺的相识，是在五年前淄博市文化产业协会成立前后。当时，市委宣传部对协会的成立给予了高度重视，会员名单经过多次调整，最终确定的大都是市里资深的品牌企业，新兴企业则寥寥无几，而芋艺创办三年的微笑优品直播电商公司就是其中一个。当时大家介绍到芋艺和她的公司时，说她很厉害，公司发展得很快，业务量逐年翻倍增长，是市里最有代表性的青年创业者。

　　我曾前往芋艺的公司进行考察。微笑优品的工作场地不大，但整洁有序，商品陈列错落有致，包装精美大方，设计感十足，这让我感受到出品人对产品的用心和对品质的追求。我一直感觉，我们所在的城市有很多优秀的企业，有很多很好的产品，但大都不太重视包装设计，使好产品的价值不能充分展现出来，而微笑优品的产品则让人眼前一亮。芋艺是风风火火从外边赶回来的，人还没站稳就快言快语地说着欢迎的话，亲切、开朗、真诚，还透露出一股不太经意的优雅。她热情洋溢地介绍每一款产品，仿佛每款产品都是她倾注心血的杰作，充满了温度、故事和情怀，从中能真切地感受到她重视生态健康和价值创造的经营理念。

　　我见证了芋艺及其公司的成长和发展，和她有过几次面对面的交流，其中印象最深的是关于家庭的话题。我们60后这一代的企业家，有很多人是在事业上特别投入，取得了一定的成就，但在家庭上往往不能兼顾。而芋艺却能在繁忙的工作之余，照顾家庭，给予孩子充分的陪伴和教育，与家人亲密相处。她的家庭氛围融洽，全家人都很支持她的工作。在听她述说的过程中，我真切地感受到，芋艺对家庭的重视和用心。她倾情策划节假日的活动，为家人精心选择生日礼物，悉心照顾家人，这些举动无一不是她充满爱意的体现。

我回顾和芋艺交往的点滴，是为了在读她的书时能更好地读懂书中的内容，有更深地理解和体悟。

为人作序，首先要了解写书人的想法，我和芋艺做了沟通。芋艺很谦恭，说自己不是很善于表达，对出版也不太懂，书稿中可能还有一些不妥帖的地方。我看了书稿，从前言、目录到正文，我被吸引了。我平时也很爱买书，但能翻开并能读进去的并不多。但芋艺的这本书娓娓道来，像老朋友在聊天，语言通俗生动，引人入胜。

我在商业领域摸爬滚打多年，见证了无数企业的起起落落。在这个过程中，我深刻体会到，无论是男性还是女性，成功的关键在于不断学习、适应变化、并勇于追求自己的梦想。芋艺的这本书，能够激发人们内在的潜力、指导实际行动。她的书不仅是个人经历的总结，更是她对商业哲学的反思。

这本书最吸引我的地方在于它的实用性和启发性。芋艺不仅提供了具体的商业策略和行动指南，更重要的是，她鼓励读者首先从内在寻找力量。她相信，每个人都有未被发掘的潜力，而成功的关键在于激发和利用这些潜力。

在阅读这本书的过程中，我被芋艺对于"持续行动"的强调所打动。在商业实践中，我深知这一点的重要性。成功往往属于那些不畏艰难、持续前行的人。芋艺通过自己的经历告诉我们，只有不断地努力和实践，才能够实现目标，取得成功。

此外，书中关于"深度服务"的理念也让我印象深刻。在我所领导的公司中，我们始终将客户服务放在首位，致力于为客户创造价值。芋艺在书中分享了她是如何通过提供超越期望的服务来赢得客户的信任和忠诚的，这些经验对于任何一位企业家来说都是宝贵的财富。

《向内看见，向外生长》不仅是一本商业书籍，它更是一本关于个人成长和自我实现的书籍。芋艺鼓励我们向内探索，发现自己的内在力量，同时也向外拓展，实现自己的商业愿景。她的书像一盏明灯，为那些在商业世界中摸索前行的女性提供了方向和勇气。

我推荐这本书给所有渴望在商业世界中取得成功的人，尤其是那些正在寻找灵感和指导的女性。我相信，通过阅读这本书，我们将获得启发，萌生出向上、向善的力量，找到自己的航道，并在商业的海洋中乘风破浪。

任志鸿

世纪天鸿教育科技股份有限公司董事长

推荐序 2

在复杂的商业棋局中，每一步棋都可能影响最终的成败。孟芋艺女士的《向内看见，向外生长：新商业时代女性创富指南》不仅是一本棋谱，更是一本心灵的指南，它指引着女性在商业世界中找到自己的位置，并勇敢追求自己的梦想。

作为在商海中航行多年的舵手，我深知在波涛汹涌的市场中，不仅要有坚实的船身和精准的导航，更要有不屈不挠的意志和不断学习的智慧。芋艺的这本书，正是为我们提供了这样的智慧和勇气。

这本书的核心在于"向内看见"，它鼓励我们首先要认识到自己的价值和潜力。在这个过程中，芋艺分享了她如何通过自我反思和持续学习，从一个普通创业者成长为一个团队的商业领袖。她的故事激励着我们，无论外界环境如何变化，我们都应该坚持自我成长，不断提升自己的内在价值。

书中的"向外生长"则是一种行动的呼唤，它告诉我们，只有将内在的力量转化为实际的行动，才能在商业世界中取得成功。芋艺通过自己的经验，为我们提供了一系列的策略和方法，帮助我们在商业竞争中脱颖而出。

我特别欣赏芋艺在书中提到的"产品打造"和"人脉链接"的章节。她不仅强调了产品的重要性，更强调了人脉网络在商业成功中的关键作用。这些观点与我在公司的实践不谋而合。好的产品力是企业成功的基石，而一个强大的人脉网络则是企业持续发展的助推器。

此外，芋艺对于"真诚表达"和"深度服务"的讨论，也让我印象深刻。在商业世界中，真诚和优质的服务是赢得客户信任和忠诚的关键。她的书籍鼓励我们，无论在任何时候，都应该以真诚和优质的服务对待每一位客户。

值得一提的是，芋艺在书中对年轻女性的鼓励和指导，是年轻女性新时代力量的代表，勤勉精进，与时俱进。向内观自在，向外求生长。她的风格很 open，融合不整合，独立不孤立，拥有不占有，降维不打击。真正做到了在新商业时代中，以全新的方式实现自我价值和商业成功。

《向内看见，向外生长》是一本值得每一位认真生活、积极追求商业与个人价值的朋友阅读。我相信这本书能够成为你行动的指南与实现梦想的动力。

赵连海

山东中和至养堂控股集团有限公司董事长

向内看见，向外生长

有一次和朋友们聊天，大家都说想跟我学习创业。想了解我是如何创业、如何带销售团队、如何创建个人 IP、如何兼顾家庭与事业的……我一开始没有意识到，难道这也需要分享？后来各个市场的代理也经常找我咨询这些问题，我才意识到，这些问题对于每个创业者的重要性。在大家的一再要求下，我说让我好好整理一下，如果要分享，一定要把我最受益的经验分享给大家。这样，就有了写一本书的想法。越整理越感觉有说不尽的话题，就这样花了将近 10 个月的时间梳理，才感觉完善了起来。希望这本书对正在阅读的您有所帮助。

以下，将正式向您介绍一下本书的内容。

在这个快速变化的时代，女性创业者有如雨后春笋般涌现，她们以独特的视角、坚韧的毅力和无限的创造力，在商业世界中绽放光彩。《向内看见，向外生长：新商业时代女性创富指南》是以女性视角为主线，专为女性创业者量身打造的一本成长手册，在本书中，不仅提供了实用的商业策略，更重要的是，它鼓励女性深入自我探索，发现内在潜力，以能量和爱为核心，成功构建自己的商业帝国。

本书共分为八章。每一章都围绕女性创业者在商业旅程中可能会遇到的关键问题展开深入讨论。从能量与爱的重要性，到自我成长、产品打造、人脉链接、真诚表达、静默销售、深度服务，再到持续行动，每一部分都是女性创业者成功路上不可或缺的一环。

第一章"能量与爱"，着重探讨人作为能量体的本质，以及如何通过提升个人能量来增强自信、热情、坚韧和影响力。这一章强调了爱的力量，以及它在人际关系和家庭事业中的纽带作用。我们相信，通过理解和运用这些原则，女性创业者可以更好地管理自己和他人的能量，从而在商业和生活中建立自己的影响力。

第二章"自我成长"，着重于目标的明确和个人潜力的挖掘。这一章提供了很多实用的技巧和方法，帮助您设定目标、持续学习、精准输出、高效链接合伙人。这些内容能助力您在不断变化的商业环境中保持竞争力，实现自我迭代和升级。

第三章"产品打造"，深入讨论了如何明确产品定位、打造爆款产品、设置多级产品体系、招募超级粉丝团队以及塑造产品价值等方面的内容。这一章的核心在于教给您如何通过精准的市场定位和创新的产品策略，打造出具有吸引力和竞争力的产品。

第四章"人脉链接"，则聚焦于人际关系网络的建立和维护。着重讲述如何正确地认知人脉关系、建立信任、通过圈子链接更多人、找到并相处贵人以及成为人脉中转站的策略。

第五章"真诚表达"，强调了赞美与感谢的力量，以及如何通过有吸引力的内容创作和刻意训练来提升逻辑表达能力。这一章旨在帮助您更有效地传递个人品牌和价值观，建立积极的社交形象。

第六章"静默销售"，介绍了销售心法与底层逻辑，以及多种销售技巧，如沙龙式销售、朋友圈销售、一对一拜访销售等。这些策略和方法将帮助您在不同的销售场景中实现有效转化。

第七章"深度服务"，讨论了成交后服务的重要性。如何通过定期回访、贡献价值、发现需求和极致利他来提升客户满意度和忠诚度。这一章传递的核心理念是真正的销售始于成交之后，通过深度服务来维护和深化与客户的关系。

第八章"持续行动"，提供了克服行动障碍的策略和持续行动的秘籍。鼓励女性创业者迈出行动的第一步，通过持续地精进和努力来开启成功的旅程。

　　本书的写作初衷是帮助女性创业者在新商业时代里找到自己的定位，实现自己的个人价值以及在商业领域中取得应有的成功。我相信，通过阅读和实践本书中的内容，女性创业者可以激发内在潜力，提升个人能力，构建强大的人脉网络，打造有吸引力的产品，并通过真诚和专业的服务赢得市场和客户的认可。

　　在商业的征途上，每一位女性创业者都是自己命运的主宰，她们的故事值得被讲述，她们的成就值得被庆祝。《向内看见，向外生长：新商业时代女性创富指南》不仅是一本书，更是一场心灵的对话，一次能量的交换，一份爱的传递。

　　期待这本书能成为女性创业者成长道路上的伙伴和指南，助力更多女性创业者走向成功。

孟芋艺
2024 年 5 月

目 录

CHAPTER *1*
能量与爱

朋友对我最多的评价就是"能量满满"，那么，什么是能量呢？

我理解的"能量"通常是一个人所展现出的积极向上的生命力和驱动力，以及强烈的自信心和决心，能够在生活和工作中保持高昂的热情和动力，积极面对挑战和压力，并且有能力影响和激励他人。具体来说，"能量"可以理解为一个人所散发出来的生命力、精神力量和动力，表现为身体上的活力、情感上的热情、智力上的敏锐和创造力，以及心灵上的坚韧。

一个充满能量的人通常具有以下特点：

自信：对自己有信心，相信自己的能力和价值，能够坚定地表达自己的想法和观点。

热情：对生活和工作充满热情，积极主动地追求自己的目标和梦想，不畏困难和挑战。

坚韧：能够在挫折和困难面前保持冷静和坚韧，持之以恒地努力追求自己的目标。

影响力：能够影响和激励他人，成为他人的榜样和领导者，带领团队共同实现目标。

作为一个创业者，我深知自己就是一个销售员，深刻理解能量的高低会影响事业的发展甚至影响家庭的经营。那么，如何才能具备高能量值？

商业是向外求，而在这之前要先做好内修。身为女性，既要兼顾事业，也要兼顾家庭，拥有能量和爱的能力更为重要。能量相当于你给自己充的电，爱则是对外散发的热量。

人是一个能量体

我经常被问到，假如你和家人吵了架，之后你还有心情做好工作吗？

实际上，"心情"本身就是"能量"的一种体现。当我们感到快乐、兴奋时，我们的能量是高涨的；当我们感到沮丧、失落时，能量则变得低沉。这种情感的能量能够影响我们的行为和决策，也能够影响周围的人和环境。

我们经常会评价一个人"精不精神"，其实也是在评价这个人对外展现的能量。有一次去参加朋友公司的年会，他们老总上台后的穿搭、语调、眼神，无一不向外传递着积极向上的能量，这种能量在周围的人看来其实是一种"感觉"，你的穿着打扮、语言表达，都是在向外传递着这种"感觉"。

更直观一点，能量就是精气神。在生活中如果你经常抱怨，那么你给人的感觉就会很消极；如果你是积极乐观的，那么你给人的感觉就是阳光向上的，这都是能量的具体表现形式。

作为能量体，要想时刻保持足够的能量值，就需要吸收更多能量，减少能量消耗。焦虑、恐惧、拖延都属于内耗，和有能量、积极向上的人接触则是摄取能量的一种有效方式。当然，我们更需要通过调节自身来获取更多的外部能量。而在这之前，最重要的是接纳自己：每个人都会有情绪低落、能量不足的时候，不要因为自己的情绪低落而苛求自己，要学会接纳，再通过一些小技巧来逐步提升自己的能量值。

持续提升自身能量的 8 个技巧

给大家分享几个我平时用的比较多的能量提升技巧。

1. 运动

运动是最能够让我获得能量的方法。虽然工作很忙，但每天晚上 7 点，只要不出差，我都会去健身房锻炼一小时。在运动时，我会忘记所有的不快。手机开静音，拒绝他人的打扰，一切信息都在运动结束后回复。我在运动中全力以赴，直到用尽所有力气。这是让我最放松、独属于自己的时间。

运动的习惯我保持了很多年，不管是户外跑步还是在健身房锻炼，我都能清空脑子里杂七杂八的事情，去感受运动的快乐。

如果你遇到情绪不佳或者感觉没有能量的情况，可以尝试着运动一下，先快走、再慢跑、再加速跑。运动时，体内血液循环加快，刺激脑下垂体分泌大量的内啡肽，就会产生愉悦感，从而缓解压力、改善心情。

2. 冥想

冥想对很多人来说比较陌生，周围不少朋友也尝试过，但是无法真正进入冥想的状态，坐着坐着就睡着了。

我对冥想理解得比较简单，就是让自己"静"下来。通常我会选择早上或者晚上，处理完工作和生活上的事情之后，盘坐下来，双手自然地放在膝盖上，有意识地逐步放松脸部肌肉、眼睛、鼻子、嘴唇、舌头，闭上眼睛，把注意力放在呼吸上，用鼻子呼吸。先不用刻意调整呼吸，只需观察自己呼吸的状态——呼吸的节奏、快慢、深浅，或者静静地体会呼吸时的紧张与放松，观察呼吸的声音。一开始练习的时候，你可能会被各种杂念干扰，比如正在观察着自己的呼吸，突然想到早上还有什么事情没有处理。这种现象很正常，因为冥想就是在训练你控制自我意识的能力。

有一个比较形象的比喻：当你盘坐着进入冥想状态之后，就好像另外一个自己站在了头顶，俯视、观察着，相当于自己又有了一个第三方的视角。

当然，冥想这个方法是有一定难度的，需要持续的训练才能够达到内心安静，同时又可以觉察到自己意识的状态。

冥想能够很好地提升自己的能量值，通过肉体、精神放松的形式让自己感受到当下的自己。

3. 独处

如果你觉得冥想比较难，也可以尝试着独处。最好是到室外安静的大自然中，如果条件不允许，哪怕在办公室、车里或者找一个角落坐着，自己也会慢慢感觉到能量的提升。

有时候杂事一多，我也会选择开车到山村小路或者河边，手机关机，沿着小路或者河边散步，走一走，感受当下的阳光、河流、树上的鸟鸣和山里的风；或者坐在那里，发发呆，看看夕阳和流水。当我在这样的环境中慢慢感受到大自然的力量后，内心就会慢慢地安静下来。

独处的核心是屏蔽掉外界信息的干扰。如果你走到安静的环境中，还是拿着手机刷朋友圈、短视频，回复着信息，那就相当于没有独处。

4. 美食

如果以上三个你都不喜欢，那么美食你一定无法拒绝。心情不好，一顿大餐就可以解决，如果解决不了，那就再来一顿。

从生理的角度来讲，有两种物质会影响人的情绪：一种是多巴胺，一种是血糖。美味的食物可以激活调控情绪的中脑边缘多巴胺神经系统，促进多巴胺释放，令人产生愉悦的感觉；同时血糖升高，让人产生满足感。人体血糖水平相对较高的时候，情绪会更加稳定和愉悦；血糖水平较低的时候，则容易出现烦躁、易怒和情绪低落的情况。

不同的人对美食的喜好也有很大区别。有的人喜欢吃刺激性强的食物，比如超辣的麻辣小龙虾、麻辣鸭脖，用味觉的刺激来排解情绪；有的人喜欢去固定的地方吃饭，可能这个地方有他和某个重要的人的回忆，每次来到这个地方吃饭能够得到情绪的释放；有的人喜欢吃妈妈做的菜，用童年的味道和妈妈的关爱缓解情绪。

5. 玩一圈

实在不行，就出去玩一圈吧，逛逛街、去趟游乐场或者去露营。但是，当情绪低落时，大多数人是没有心情去玩的，出去也总想着各种焦头烂额的杂事。不妨先放下不快，让自己走出来，反正现在也解决不了问题，还不如玩一圈再考虑。有时候，很长时间没有休息的时候确实会感觉到累，这种情况就可以玩一圈，给自己放个假。

6. 精神胜利法

很少有事情能够让我的能量值变得特别低，但是有一次团队成员办错了一件特别重要的事，我处理完之后就感觉身体被掏空，坐在车上脸色煞白，整个人都是懵的。那时我就不断安慰自己：这件事情的发生是对我的考验，是我的修行，只有经历过各种困难的人才能够成就更大的事业。

这个方法有点阿 Q，但在遇到很多难事的时候都可以用。困难只是一时的，只有接受并且通过考验的人才能够走得更远。

7. 课题分离

课题分离是心理学中的一个术语，是指想要解决人际关系的烦恼，就应该区分什么是你的课题、什么是我的课题，只有分清楚你我之间的课题、不贸然闯入他人的课题，也不允许他人随意闯入我们的课题，才能保证人际关系的顺畅。简单来说就是，你的事情你来做，我的事情我来做，互不干涉是最好的选择。

95% 的能量值下降、情绪低落问题的出现都是因为沟通不畅，比如在家庭里夫妻之间、母女之间，以及工作中同事之间、管理者与执行者之间、与客户之间，都存在各种沟通上的问题。阿德勒认为，"不想被别人讨厌"是我的事情，而"你讨厌我"

是你的事情；你表扬别人，别人是否接受就不是你的课题；你向别人道歉，别人是否能够原谅你也不是你的课题……

假设你坐公交车去上班，有个人踩了你一脚，你会如何处理？让他道歉还是不予理会？从情感上你肯定会选择让他道歉，可能当他踩你脚时你就已经很恼火了。那么在这个场景中，对方道不道歉是他的课题，你生不生气是你的课题。如果你很生气，那么就可能影响你今天一天的工作状态；如果你在车上和这个人进行理论，极有可能会耽误今天全天的行程。在这种情况下，谁的成本高，谁就需要结束这个课题。如果你不想影响后续的行程，完全可以不予理会，甚至可以先说声抱歉，毕竟公交车上的人这么多，人挤人，他可能也不是故意的。

在生活中也是一样，教育孩子、辅导作业是让很多家长都头疼的事情，如果从课题分离的角度去理解，孩子的课题是写作业，他如果没有完成会受到相应的惩罚；家长的课题则是让孩子意识到写作业是自己的事情。

你看，如果能够实现课题分离，我们就能节省大量的时间和精力。

8. 那又怎样

那又怎样？关我什么事？如果你听到有人在背后说你坏话，你会不会生气？我相信绝大多数人都会生气：他怎么能这样说我，怎么能这样对我？但你越是这样想，就越容易陷入情绪的低谷。你今天本来是顺顺利利的，结果听到有人说你的坏话就把一天的好心情都弄没了，你觉得值不值得？

所以，当你听到有人说你坏话的时候，问自己一句"那又怎样？"

"那又怎样"是一种人生态度，不斤斤计较。

比如：

将"我担心这件事做不好"转变为"这件事情做不好又会怎样？"

将"做不好这件事领导会不会觉得我能力不行？"转变为"领导觉得我能力不行又怎样？"

"那他有可能再也不会把重要的事情交给我了"，但是"那又怎样？"

"我有可能错过晋升的机会"，但是"那又怎样？"

……

当挖掘到自己最恐惧的点，你会发现它其实并没有你想象的那么严重。

接纳最坏结果的自己，就会发现最差也不过如此，倘若自己行动以后获得的结果比这个要好，自己也就越来越有信心了。

避开 9 种过度消耗能量的生活方式

我们有很多无意识的行为或生活方式在消耗我们的能量，只有开源节流，才能够获得更充足的能量，让自己成为一个高能量值的人。下面是 9 种比较常见的过度消耗能量的方式。

1. 使用电子产品

不知道你有没有意识到一个问题，当你一有空就刷手机的时候，你的精神状态很容易恍惚，但当你放下手机，集中时间读书或者办公的时候，你的效率就会很高，而且整个人的思维和逻辑会特别清晰。

电子产品把我们的时间分割成了一个个小块，使人没有大块的时间集中思考。刷视频、玩游戏都会让人上瘾，当我们的逻辑思维能力受限之后，你的能量值也会随之降低。或许你可以尝试每周拿出来半天的时间把手机放下来，看看书、写写文章，都是很不错的选择。

2. 睡眠不足

有时候忙完一天的工作已经很晚了，但还是想躺在床上刷刷朋友圈或是电视剧，感觉只有这段时间才是自己的，而这样就会导致睡眠不足而影响第二天的工作。

睡眠是影响一个人状态最关键的因素之一。排除其他因素导致的睡眠问题，我们要先养成早睡的习惯，尽量不在床上玩手机。

3. 同步进行多个任务

有时候事情一多就不知道该从何下手，多任务同步进行的时候也会加快能量的消耗。

尽可能地把各项工作进行轻重缓急的分解，先把重要且紧急的事情处理好，再处理重要不紧急的事情。把大任务拆解成小目标再逐个达成，才能够更好地安排自己的精力。

4. 不良的饮食习惯

我年轻的时候，对美食没有任何抵抗力，吃什么都大口吃，也经常一忙起来就忘记吃饭，这就直接造成肠胃不好，长此以往，很容易身体不适，影响个人状态。

三餐要按时吃，早餐吃得好，午餐吃得饱，晚餐吃得少。现在是营养过剩的时代，少吃一些并不会缺乏营养。

5. 过度无效社交

在快节奏的社会中，社交活动成了我们生活的重要组成部分。但是，过度的无效社交却可能让我们陷入疲惫、焦虑和失落的漩涡。为了重拾高效、有意义的交往，我们需要学会识别并避免落入无效社交的陷阱。

无效社交通常指的是那些消耗我们大量时间和精力，却无法带来实质性价值或满足感的交往活动。这些活动可能包括无休止的闲聊、八卦传播、负面情绪的倾诉等。虽然这些交往方式在某种程度上能够满足我们的社交需求，但长期沉迷于此会让我们失去与他人建立深度联系的机会。

要避免过度无效社交，首先，我们要学会辨别哪些社交活动是有价值的。有价值的社交活动能够帮助我们拓宽视野、增长见识、提升技能或增进情感。例如，与志同道合的朋友探讨共同感兴趣的话题、参加行业内的研讨会或讲座、与家人共度美好时光等。这些活动不仅能够让我们感到愉悦和满足，还能为我们的个人成长和人际关系带来积极的影响。

然后，要学会设定社交边界。设定明确的社交边界对保护自己的时间和精力至关重要。我们应该学会拒绝那些对我们无益或超出我们承受能力的社交邀请，同时也要尊重他人的边界，不要过度干涉或要求他人满足我们的社交需求。

人际关系的质量比数量更重要。与其花费大量时间和精力在无效社交上，不如将有限的资源投入到与少数有价值的人的深入交往中。通过与他们建立真诚、信任和支持的关系，我们能够获得更多的情感满足和人生动力。

6. 缺乏运动

现在越来越多的人出现亚健康的问题，根本原因就是太"懒"了，吃过饭就往那儿一坐，办公一下午，血液循环不畅，就会出现各种各样的问题。

运动起来，并不一定要去健身房，哪怕吃过饭散散步，溜达一下也很好。每天1万步是一个很适宜的运动目标。很多人都说要运动，但总是行动不起来，我的理解是，先动起来再说。另外，要对身体的健康有足够的重视，健康不是第一而是唯一，身体健康了，你做任何事情的前提才可能成立。

7. 时间管理缺失

我们每天都面临着各种各样的任务和责任：回家有家庭责任，要接送孩子、陪伴家庭、处理家务；到办公室有各种办公任务，联系客户、辅导员工。那么，对时间的管理就成了我们能否高效应对这些挑战的关键。

时间管理缺失可能表现为拖延症、过度工作、缺乏计划和优先级不清等。这些行为不仅会导致任务无法按时完成，还会增加压力和焦虑感。长期处于这种状态下，我们会感到精力分散、疲惫不堪，甚至对日常事务失去兴趣。

当我们习惯性地推迟任务，直到最后一刻才开始行动时，就会迫使自己在有限的时间内匆忙完成。这种紧张和压力会消耗大量的心理能量，导致我们在完成任务后感到筋疲力尽。当出现一个工作或者任务需要完成时，要尽可能提早完成，不然拖到最后再去做就很容易出现各种意想不到的问题。

有些人可能过于追求完美，或者担心任务无法按时完成，因此会不断加班加点。然而，长时间的工作会耗尽我们的体力和注意力，使我们难以保持高效和专注。

缺乏计划和优先级不清也会使时间管理变得困难。当我们没有明确的目标和计划时，很容易陷入琐碎的事务中，无法集中精力处理重要任务。在这样的情况下，我们可能会感到无所适从，精力分散，无法有效地应对挑战。

在进行多任务管理时，我一般会用两个工具作为辅助：一个是手机里面自带的备忘录，我每天早上起来都会把今天重要的事情记录在备忘录上面，挨个去做；另一个是使用嘀嗒清单

App，记录每天的工作，每完成一个打一个钩，能够很好地提升我对时间的管理能力。

8. 接收太多负能量

这一条对于很多女性创业者来说需要特别关注，因为经常听朋友对生活和工作的抱怨，会很容易影响自己的情绪。

心理学上有一个概念叫作隔离墙，如果有可能，你可以试着在自己与诉说者之间建立一个隔离墙，也就是不要让对方的情绪影响到你。周围很多朋友遇到问题时经常找我诉说，我也会很热心地倾听并为对方提供一些建议和解决方法，后来我发现自己也很容易陷进去。现在再遇到朋友倾诉，我会尝试想象我和她之间有一堵隔离墙，这堵墙帮我挡住所有负面的情绪，我得到的只是信息，情绪被我隔离开了，这样就会好很多。另外，要尽可能少与负面能量太多的人相处，否则会严重影响到你的情绪。

9. 缺乏自我关怀

"你关注过自己的身体健康吗？"可能你觉得这个问题很小白，哪一个人不关心自己的健康问题呢？如果再具体一点："你每年会体检吗？"我相信大部分人不会每年体检，直到自己有了症状之后才开始关注自己的健康问题。

　　自我关怀是关注自我的身心感受，不要一味地付出，最后把自己累垮了，问题也没有得到解决。感觉累了就休息一下，感觉情绪低落就停一停，让自己的能量跟上来再行动。

爱的力量

爱是人际关系的基石，它以各种形式存在于我们的生活中。家庭之爱，让我们在成长的道路上不再孤单；友情之爱，让我们在人生的旅途中找到志同道合的伙伴；伴侣之爱，让我们在漫长岁月里有了相互扶持的依靠。这些爱，如同纽带一般，将我们与身边的人紧密地联系在一起。

在人际交往中，我们难免会遇到矛盾和冲突。然而，当我们用爱去理解和包容对方时，这些矛盾往往会迎刃而解。爱的力量让我们学会换位思考，从对方的角度理解问题，从而找到双方都能接受的解决方案。

在人生的道路上，我们总会遇到挫折和困难。这时，身边人的爱与支持往往能成为我们前进的动力。一句鼓励的话语，一个温暖的拥抱，都能让我们在困境中重新振作起来。爱的力量让我们相信，无论遇到多大的困难，都有人在背后默默地支持着我们。

爱并不是到处宣扬我怎么爱你，而是要用具体的行动来表达。比如，平时打车，如果滴滴师傅比较热情，我会在支付的界面再加上 5 元或 10 元的打赏来肯定对方的服务。几块钱并不多，但足以让这个滴滴师傅高兴一整天，同时他在接待下一位顾客的时候态度肯定会更好。这就是我们对外传递爱的能量。

当我面对客户时，我从来不会考虑对方是否会成为我的付费用户，我只会考虑我能够为他提供什么帮助，这也是一种"爱"。

淄博烧烤火起来之后，作为一直在淄博创业、安家淄博的人，很多朋友来淄博都会问我一个问题：淄博烧烤为什么会火？我认为，淄博烧烤的火是"爱"的传递之火，你会看到各种各样的暖心新闻和事件，它们会让你感觉到原来淄博是一个很温暖的城市。

当我们用爱去对待身边的人时，这份爱就会像涟漪一样扩散出去，影响到更多的人。一个充满爱的家庭能培养出有爱心的孩子，一个充满爱的团队能激发出更强大的团队合作精神，一个充满爱的社会能营造出和谐友善的氛围。

家庭与事业

　　作为女性创业者，既要完成公司业绩，又不能落下家庭责任，因此，如何处理好家庭与事业的关系就尤为重要。

　　如何理解和处理家庭关系？我的观点是人人是好人，事事是好事。不要去揣测、猜想家人。很多家庭矛盾都来自瞎想。

　　由于工作原因，我经常回家很晚，但先生从来不会因为我回来晚而埋怨。我和另一半的相处模式就是相互"信任"，不要总是往坏处想。当你开始把另一半往坏处想的时候，你就已经不信任他了。从好处想怎么理解呢？比如，当我回家较晚的时候，先生就会想我在外面工作忙，为了事业打拼到那么晚，太不容易了。所以，要多一些相互的理解与照顾，少一些抱怨，遇到事情经常沟通，把自己的想法真诚地表达出来；如果你藏着掖着，可能一时你不生气，但是到了下一次遇到问题的时候又会旧事重提，最后矛盾就越来越大。

事业的发展不是推脱家庭责任的理由。无论你的事业做得多么好、多么大，作为妻子对丈夫的关心，作为母亲对孩子的关爱，作为子女对长辈的孝敬，都是必不可少的。

很多人问我是如何陪伴孩子的，我认为并不一定每天都要陪伴孩子左右，而是要有高效高质的陪伴，以及要为孩子树立榜样形象。我所从事的礼品行业有明显的淡旺季，在淡季的时候，周末我是从来不工作的，用来陪伴孩子和家人；在旺季的时候，我至少要每周拿出一天的时间来陪伴孩子和家人。我给孩子报名的兴趣班都会安排在周日，周日早上我要亲自送她上课，下课的时候再亲自去接她。孩子的爸爸则在家做一顿非常丰盛的午餐。当我们回家时，爸爸已经把饭做好了，看到那么丰盛的午餐，孩子和我会同时发出很惊讶的声音，并且赞美爸爸午餐做得那么丰盛和美味。其实不管吃什么，我们要的是这种仪式感。吃这顿饭，我们都会拿出高脚杯，倒上饮料，然后三个人碰杯，我的女儿也会特别兴奋地说："爸爸妈妈，跟你们一起吃饭真的好幸福啊，我每周都很期待这一天，祝我们周末愉快，干杯！"每次看到孩子那种溢于言表的满足感，我才感觉到什么叫作陪伴，什么叫作安全感。

如果有可能，每个月至少开一次家庭会议。我周围家庭氛围比较好的朋友，基本上都有定期开家庭会议的习惯，开家庭会议的目的是针对目前家庭内的重大事项进行讨论并达成共识。

给大家分享一个开家庭会议的方法和流程：

（1）确定会议目的：在召开家庭会议之前，明确会议的目的和需要讨论的问题。这有助于确保会议有一个明确的方向，避免偏离主题。

（2）选择合适的时间和地点：找一个所有家庭成员都能参加的时间，以及一个安静、舒适的环境进行。我们一般是在家里的客厅，这有助于大家集中注意力，更好地参与讨论。

（3）邀请所有家庭成员参加：确保每个家庭成员都受到邀请，并鼓励他们积极参与。这有助于培养家庭凝聚力和团队精神。

（4）设定基本规则：在会议开始前，设定一些基本规则，如尊重他人的发言、不打断别人、保持开放心态等。这有助于创造一个积极、和谐的讨论氛围。

（5）轮流发言：让每个家庭成员都有机会发言，表达自己的观点和感受。可以设定一个发言顺序，或者让大家轮流发言。这有助于确保每个人的想法都有被他人听到的机会。

（6）倾听和理解：在家庭成员发言时，认真倾听他们的观点，并努力理解他们的感受，避免批评、指责或贬低他人的观点。

（7）寻求共识和解决方案：在讨论过程中，努力寻求共识和解决问题的方案。鼓励大家提出建设性的建议，并一起探讨可能的解决方案。如果无法达成共识，可以考虑暂时搁置争议，或者寻求第三方的帮助。

（8）记录决定和行动计划：在会议结束时，总结并记录讨论的结果、达成的共识以及接下来的行动计划。这有助于确保大家明确责任和任务，便于跟进和执行。

用家庭会议的方法可以很好地避免在处理家庭事务的过程中出现相互埋怨的情况。比如，妈妈想让孩子上兴趣班，而爸爸不想让孩子上兴趣班，如果去上了兴趣班谁来接送孩子，如果没有提前达成共识，很容易产生内部矛盾。

试着写一封感谢信。我和老公、孩子之间经常会写信。你可能很惊讶，这都什么年代了还写信，写情书也是年轻的时候写啊。有时候很多感情很难用语言表达出来，写信就是一种很好的表达形式，可以把自己想说但是又说不出来的话通过文字的形式表达出来，让对方在阅读文字的同时，感受到你对他的情感，用这种方式可以极大增进家庭成员之间的关系。

和最亲近的人多深度沟通。你多久没有和你的另一半深度聊过天了？这里说的聊天不是有一句没一句地聊，而是坐下来，停下所有的事情，针对某个话题进行讨论，每个人把自己最真实的想法表达出来。

先经营好家庭，才能够经营好事业，这是我一直信奉的原则。家和万事兴，就是这个道理。没有了家庭带来的内耗，也就能够有足够的精力面对事业上的问题。事业对于我来说是实现自我价值的一个过程。"最大的善就是通过商业创造更多价值"，我们做所有的事情时都要思考我们所做的事情能够为这个社会创造什么样的价值。

我不认为我只是在卖一件产品，而是认为我通过我的产品在帮助客户解决他的问题，为客户提供价值。比如，有一些公司每年都会从我这里采购员工福利，我能够在对方的预算内给到最好的员工福利组合方案，能够让每一个员工在收到福利的时候面露笑容；我的服务能够准时、保质、保量地给到客户的员工，让员工能够切实感受到来自公司的关心，我觉得这就是我能够实现的价值。

再如，有些客户不知道如何通过礼品实现最大价值，还在用传统的烟酒茶来答谢客户，这不仅没有实现表达情感的目的，而且最后客户可能都不记得你。让礼物更有价值，让情感更被重视，这也是我为我的客户带来的价值。

我认为，无论做什么行业什么产品，都是在通过为别人解决问题而获得商业价值，商业的核心要素是你为什么人提供什么产品、能够为对方解决什么样的问题以及你如何收费。当你的产品或者服务能够围绕这 4 个核心点去思考，一定不会做得太差。

有来自家庭的支持和通过事业获得的价值感，我相信你也会成为一个内心富足的人。

有很多人一提到家庭、事业，就感觉自己很不幸福，什么是幸福？这是一个特别深奥且哲学的话题。其实，幸福是一种接纳，当你接纳现在的自己你就是幸福的。我时常会把自己平时在生活和工作中的一些让我感觉幸福的小事记录下来，比如很晚回家我先生依然留灯，等我来；比如我到公司，助理已经帮我热好一盒热牛奶。幸福是被发现和感知到的，降低自己的欲望，你会找到很多让你幸福的小事。

希望亲爱的你也能够成为一个内心富足、充满幸福感的人。

CHAPTER 2
自我成长

自我成长，是一场不断探索的旅程，让我们变得更加成熟、更加完整。在这个过程中，我们会经历重重困难和挑战，但也收获了无数的喜悦和成就。

　　要成长，首先需要了解自己，认识到自己的优点和不足。每个人都有自己独特的天赋和潜力，但往往也存在着一些不太容易觉察到的缺点。我们可以通过反思和自我观察更加清晰地认识自己。这种认知不仅能帮助我们更好地理解自己的行为和情感，还可以为我们指明成长的方向。

　　接下来便是设定目标。一个明确的目标可以引导我们在成长的道路上不迷失方向。目标可以是远大的，也可以是短期的，重要的是它们要符合我们的价值观和期望。设定目标后，我们需要制订计划并付诸行动。

　　在成长的道路上，挑战和困难是不可避免的。面对这些挑战，我们可能会感到害怕、焦虑，但正是这些挑战塑造了我们的性格，让我们变得更加坚强和勇敢。每一次克服困难，我们都在向更高的境界迈进，我们的视野和思维也得到了拓展。

　　在自我成长的过程中，学习是持续进行的。我们不仅要从书本中学习知识，还要从生活中汲取经验。每一个人、每一次经历都是我们的老师。保持好奇心和求知欲，让我们在学习的道路上永不停歇，通过学习不断丰富自己的内心世界，提升自己的能力和智慧。

人生不设限：挖掘内在潜力

我身边的一位朋友，有了孩子之后就在家全职带娃，但是带娃三年后发现自己和社会已经脱节，她不想这样下去，但是又不知道自己能做些什么。我帮助她做了一个梳理：她的微信里面有近 1000 人，微信卖货是最简单的创业方式。在我的建议和亲戚朋友的带动下，一年内，她通过朋友圈、微信群卖货，赚了 9 万多元，比自己出去上班还要好。一开始她也不相信自己的能力，感觉自己做不了，但看到成果后，做得也就越来越顺。这就是突破自己，不要被自己现在的能力所限制。

你有可能会说："我没有干过，干不了啊。"但我认为所有的事情都是人做的，只要别人能做，你也一定行。人和人之间最大的差别就是解决问题的能力，遇到问题解决问题，而不是遇到问题就不干了。"世界就是一个草台班子。"你可能认为做得很好的公司都特别厉害，需要很高的门槛。其实不是。

　　当然，突破自己需要勇气，让一个人产生改变是特别困难的一件事情。改变就意味着离开现有的舒适圈，需要具备不一样的能力，而要走出这个舒适圈会让人很痛苦。如果你想要改变，那么问自己一个问题：你多希望获得更好的生活？

设定目标：明确自我成长的方向

　　个人成长需要设定一个具体的目标，只有目标具体了，才能够更好地优化自己每天的行动。

　　我把目标分为三个大的类型：家庭、事业及自我成长。其中最关键的就是自我成长。一个人最核心的能力是逻辑思维能力，只有具备良好的逻辑思维，才能拥有对事物深度分析及判断的能力。此外，要想提升自己的能力还需要做三件事情，就是读、写、说，也就是信息摄取能力、文字表达能力和语言说服能力，这三个能力既是相互促进又是循序渐进的。

　　在设计自己的成长目标时，要先了解自己，知道自己擅长什么。这包括明确自己的兴趣、优势、价值观和人生目标。通过反思和自我评估，更加清晰地认识自己的内心世界，从而确定哪些领域是我们真正热爱和擅长的。这样的认知有助于我们在制订成长计划时，更加明确地知道应该朝哪个方向努力。

我在 2020 年找到了自己的人生目标，就是要用生命影响生命，在力所能及的范围内帮助到更多的人。我之前做微商、社区团购，包括现在做的礼品平台，都是在践行这个人生目标。

你的人生目标是什么？刚开始的时候可以定得更具体一点，比如两年换车、五年换房，虽然很俗，但很实际，每个人都要先让自己过得更体面一些。

如果你已经有了自己的事业或者正在工作，那么可以尝试学习一些新的能力。比如，我一个朋友是做家居产品的，她给自己定的 2024 年的目标就是要通过短视频带货及直播，粉丝量做到 1 万，带货成交不少于 10 单，这就是逼着自己不断尝试新的东西。当然，也可以提升自己的管理能力、商业思维认知或者多开发几个新的渠道，这些都可以作为你的成长目标。

如果你现在还没有自己的事业，在家庭中还想做一份副业，那么第一步就是挖掘自己的特长。如何挖掘自己的特长呢？以下是一些具体的步骤和建议。

回顾过往经历。首先，回顾你的学习、工作和生活经历，找出你擅长或享受做的事情。这些经历可能包括你获得的奖项、完成的任务、解决的问题等。

尝试新事物。积极参加各种活动和项目，尤其是那些对你来说具有挑战性的领域。通过尝试新事物，你可能会发现自己未曾意识到的天赋和潜能。

倾听他人反馈。向你的家人、朋友、同事或导师寻求反馈，询问他们认为你擅长什么。有时候，他人能从不同的角度观察你，提供有价值的见解。

专业评估。寻求专业的职业规划师或心理咨询师的帮助，他们可以通过测试和评估工具帮助你更准确地识别自己的特长。

如果你擅长带娃，那么可以开一个周末遛娃团；如果你擅长美食，那么可以尝试做私房卤味；如果你擅长家庭教育，那么可以开个辅导班。总之，要先了解自己的擅长，再通过周围的圈子、朋友，把第一波客户服务好。如果你觉得自己没有特别擅长的技能，那么可以先尝试微信卖货，这个门槛不高，但是想要做好也需要你用心经营。

每日精进：持续改进与自我提升

"如果一个人今天没有比昨天更好一些，那明天又有什么意义？"我们可以根据这句话继续深入思考：人或者人的价值是什么？我是极度反对躺平心态的。在我看来，我们既然来到这个世界，就应该不断提升自己，让自己的生命更有价值。

每日精进是一种积极向上的生活态度和行为方式。它要求我们不断地设定目标、挑战自己、反思并激励自己。在这个过程中，我们可能会遇到困难和挫折，但只要我们坚持下去，就一定能够实现自我提升和成长。

我认识一个朋友，他已经出版了5本书，而且每年规划还要再出3本书。我很好奇他是如何做到的，他说他并没有觉得自己是在写一本书，只是每天坚持写1000字。如果坚持一年是36万字，一本书平均10万字，他就是采用这种方法每天精进一点，日积月累，获得了特别好的效果。

想象这样一个场景：你站在山脚下，远方的高峰是你的目标；你无法一步登顶，但你可以选择每天向上攀爬一小段距离。这就是每日精进的理念。它告诉我们，成功不是一蹴而就的，而是由无数个微小的进步累积而成的。

那么如何做到每日精进呢？

首先，我们需要设定明确的目标。这些目标可以是长期的，也可以是短期的，但它们都应该具有可衡量性。例如，你可以设定每天阅读半小时、写作500字、减少一小时的手机使用时间等具体目标。这些目标不仅能够帮助你保持专注，还能够让你清晰地看到自己的进步。

其次，在实现目标的过程中，我们需要不断地挑战自己，勇于尝试新事物，勇于面对困难和挫折。每一次的挑战都是一次成长的机会，比如挑战一周食素、连续30天每天做50个俯卧撑、一周阅读一本书等。对于创业者而言，每天多拜访一个客户也一样是在挑战自己，比如每天加一个新客户的微信、每天增加一个潜在客户的微信群、每个月加入一个商会、每周参加一次线下交流活动等。

最后，除了设定目标和挑战自己，我们还需要建立一套自我反思和激励的机制。每天结束时，花几分钟回顾自己的一天，思考哪些地方做得好，哪些地方需要改进。这种反思能够帮助我们更好地了解自己，找到提升自己的关键点。同时，每当我们完成一个阶段性目标时，给自己一些小奖励也是很有必要的，这样可以给予我们继续前行的动力。

许多企业和团队也注重每日精进的理念。他们通过定期的培训、分享会和团队建设活动来提升员工的能力和团队凝聚力。这种持续的学习和改进不仅有助于提升企业的竞争力，还能够激发员工的创造力和工作热情。

记住，成功不是一蹴而就的，它需要我们每一天的努力和精进。让我们从今天开始，用每日精进的态度去迎接生活中的每一个挑战吧！

持续输入：获取新知与智慧

当我们设定好目标，开始每日精进计划的时候，需要获得更多的信息并将其转化为知识来促进我们的成长。什么是信息？你可以把自己的大脑理解为一个电脑主机，这个主机的计算、运行需要我们往里面不断输入信息，而你平时看的书、刷的视频都是信息。我一般会采用以下几种方式持续高效地获取更有效的信息。

1. 读书

我刚毕业进入社会时，因为是体育生，所以自认为头脑简单、四肢发达，总感觉自己文化水平、认知有限，不如别人学习好，这阻碍了我前两年的个人发展。那时我特别羡慕那些出口成章、头脑灵活、随机应变能力非常强的人。我想去突破自我只有一种办法，就是读书。但是对于一个事业刚刚起步、正处于挣扎求生存阶段并且还要兼顾家庭的我来说，静下心来读书是非常难的。直到我加入了一个读书会，开始训练自己认认真真地读书，在读书会的监督下每天打卡。

我坚持读书后，也影响了我的孩子。那时女儿上一年级，她看到我每天晚上睡觉之前都要进行读书打卡，就认为每天晚上睡前读书是一件必须做的事情，所以她从上学开始，每天晚上睡前都要读半小时书。

你每年能读几本书？短视频的出现把时间都碎片化了，人们很难沉下心来读一本书，绝大多数人一年看不了 5 本书。或许有人会说，现在获取信息、知识的渠道那么多，为什么还要读书，直接从网上搜索这本书的精华版不就行了吗？我个人的体会，除了为获取知识而读书外，还可以通过阅读让自己真正沉下心去深度思考一件事情，培养自己的专注力。读书时，最好阅读纸质书，因为用手机看电子书时很容易被各类信息打扰。一般我在看书的时候会把手机静音放在一边，等看完一个章节或者定上闹钟过一小时看一次手机。

当然，阅读也是有方法的，经过训练后，我差不多两小时就能够读完一本书。如何才能做到高效阅读呢？给大家分享一下我的训练方式。

阅读能力强的人，一般逻辑都会特别清晰，所以第一步要先训练自己的逻辑表达能力。在这里向大家推荐《金字塔原理》和"麦肯锡经典系列"这两套书，它们都是用来训练逻辑能力的。这个阶段需要 2～3 个月的时间，学会其中一种表达方式后就要立刻应用起来，刻意地去练习说话、表达的方式。

完成逻辑训练后，第二步就可以开始主题阅读了。为什么我可以两小时就能够读完一本书？主要是因为我在 1 个月内看的书基本上都是同一个类型的，同类型的书里面重复的观点很多。比如我这个月只看与销售相关的书，那么我会买至少 10 本和销售相关的书，在阅读过程中做笔记整理每本书的重点，这样我在看前三本书的时候可能会稍微慢点，但是后面就会看得越来越快，因为里面有很多大同小异的理论。当我把这 10 本书都看完，就对如何做销售有了系统的了解。同样的道理，如果你想学习如何做短视频，那就先买 10 本短视频相关的书，不要纠结买哪一本，可以在图书销售网站上面搜索并把排在前面的10 本都买回来。

2. 见人

我在通讯录里给自己建立了一个专家库，比如我知道谁短视频做得好、谁私域做得好、谁公司管理得好、谁销售做得好等，每年都会更新，大概会有 30 多位有不同擅长点的人，当我需要时，可以直接找到擅长的人，这样就能够节省大量的时间和精力。

除了自己已有的人脉关系网络，我们仍需要主动去拓展新的人脉圈子，比如加入不同的协会、商会，通过大咖引荐其他的朋友等。多与高手聊天，慢慢地你也能学会高手思考问题的方式。如果可以的话，最好能够每周约一个人，喝喝茶、聊聊天，不方便见面也没有关系，可以打个电话，把你在做的事情以及遇到的困惑分享给对方，请求对方的帮助。通过这种方式，你能够结交更多志同道合的朋友。

3. 阅事

什么是阅事？去经历、去实践就是阅事。任何能力都需要在事上练。如果你是一个销售，公司组织一场春季销售 PK 赛，你满怀信心地报名参加，最后通过自己的努力获得冠军，那么这个过程就是在阅事，你通过一场销售活动的 PK 赛，又进一步提升了自己的销售能力。如今职场中的很多人都提倡多一事不如少一事，但少一事就意味着你少了一次锻炼自己的机会。所以要主动去做事情，在事上去磨炼自己。尤其是当你遇到问题的时候，也可以换个思路看待这件事：这个问题解决了之后，我是不是又得到了成长？

除了自己要主动积极外，另一个更好的方式就是跟着有经验的人走，这会让你少走很多弯路。

4. 行天下

行天下，是为了到不同的地方学习新知，拓宽眼界。如果你一直待在小县城，就无法接触到一线城市很多优秀的理念。因此，如果有机会，要尽可能地多出去走走，哪怕只是出去旅游。当然，可以跟着一些商学院去游学，或到别的公司去参访，多和优秀的人交流。我每年差不多有200天在全国各地跑工厂、原产地以及见客户，因为走出去能够让我看到更优秀的人是怎么经营工厂、怎么管理公司、怎么处理业务的，包括如何待人接物，都是我学习的榜样。

5. 终身学习

终身学习意味着我们永远不满足于现状，始终保持着对新知识、新技能的好奇心。无论是在职业生涯的哪个阶段，无论是在生活的哪个领域，我们都应该持续学习，不断提升自己。这种学习不仅仅是为了应对外部环境的变化，更是为了实现自我价值的不断提升。它要求我们主动寻找学习机会，而不是被动地等待知识的灌输。人与人之间拉开差距的时期并不是高考，也不是大学，而是大学毕业之后的20年。这意味着我们需要培养自主学习的能力，学会如何制订学习计划、寻找学习资源、评估学习成果。在这个过程中，我们不仅获得了知识，还培养了解决问题的能力和自我管理的技能。

要做到终身学习，需要培养一种持续学习的习惯和心态。以下是一些建议，帮助你实现终身学习的目标。

●设定学习目标。首先，明确你想要学习的内容和目标。这将帮助你保持学习的针对性，避免漫无目的地学习。其次，设定短期和长期的学习目标，让自己有明确的学习计划，比如学习如何发朋友圈、学习如何写短视频文案、学习如何拍摄剪辑等。

●保持好奇心。好奇心是终身学习的强大动力。要保持对新事物、新知识的好奇心和求知欲。对于遇到的未知领域或问题，勇于探索和学习。

●培养自主学习能力。学会自主学习，掌握有效的学习方法和技巧。利用在线课程、书籍、讲座等多种资源进行学习。同时，培养自己的批判性思维，学会分析和评价所学知识的价值和意义。

●持续反思和总结。在学习过程中，不断反思和总结自己的学习经验和成果。这有助于你发现学习的不足之处，及时调整学习策略，提高学习效果。

●与他人交流分享。与他人交流分享自己的学习心得。与他人讨论和互动，可以拓宽自己的视野，了解不同的观点和见解，从而丰富自己的知识体系。

● 持续实践应用。将所学知识应用到实际生活中，通过实践来检验和巩固所学知识。实践是检验真理的唯一标准，通过实践应用，你可以更好地理解和掌握所学知识。

● 保持开放心态。保持开放心态，愿意接受新事物、新观念。在终身学习的过程中，我们会遇到各种挑战和困难，需要我们以积极的心态去面对和解决。同时，也要学会接受自己的不足和错误，勇于改正和进步。

总之，要做到终身学习并不容易，需要持续付出努力。只要你保持好奇心、培养自主学习能力、持续反思和总结、与他人交流分享、持续实践应用以及保持开放心态，就一定能够在知识的海洋中畅游无阻，实现终身学习的目标。

分享输出：传递价值与影响他人

输出带动输入，当我们在学习新技能或者新知识的时候，很容易学了就忘，但是如果你把学习到的知识对外分享，就能够更好地理解这项技能。

我的一个朋友，她的女儿在一开始学习英语时特别困难，后来她让女儿每天放学后给她讲解英语单词，相当于让小朋友回家之后当老师，把学到的单词教给妈妈。孩子对此很有兴趣，每次上课的时候听得都特别认真，第二个学期孩子的英语水平就有了跨越式的提高。

不只是孩子的学习，员工的学习也是一样的。我们公司经常组织员工之间的分享会，比如分享看的书、阅读的文章，员工进行分享的时候也就能够更好地理解自己学习到的内容。

通过自己的分享不仅能够加深对学到的知识、技能的理解，更重要的是可以更好地影响他人。那么如何更有效地进行这类分享与传播呢？以下是我的几点建议。

1. 线上分享会

例如，你最近刚学习完稻盛和夫的《活法》，那么你可以建一个微信群，把这个群的二维码发到朋友圈，就说你刚阅读完《活法》这本书，收获特别大，准备在群里与大家分享。那么你在线上分享这本书的时候，就会对这本书有更深的理解，在你群里听你分享的这些人也会被你的分享所影响。

又如，我的一个朋友，建了一个群叫作"×××的精进分享群"，把自己每天学习的东西或者感悟在群内进行分享，这就是一种很好的形式，一方面促进自己学习，另一方面群内这些人每天看你都在成长学习，也会对你更加信任。

2. 线下沙龙

线上聊一年不如线下见一面。如果你最近学习了新的知识，特别想分享给你的朋友们，更好的方式是通过线下沙龙的形式。可以邀请5～8个人，线下组个小局，给大家分享一下你的学习收获。我经常去外地学习，学习回来之后就会邀请几个朋友一起来交流分享这次学习的感受和收获。

3. 短视频内容

如果你不害怕出镜，那么把你学习的内容拍成短视频也是一个很好的选择。视频内容可以是一个知识点，也可以是学习一本书之后的感悟，也可以是面见了某位大咖之后的感受。在时间碎片化、知识碎片化的时代，短视频是一种很好的表达载体和形式。

4. 朋友圈文案

朋友圈是在你自己私域里面最优的传播媒介。很多创业者很少发朋友圈文案，而在我看来，朋友圈就是你的线上门店，今天没有发朋友圈就是没有开门营业。

朋友圈可以让好友更好地认识你、了解你，你的工作状态、生活状态以及各种思考，都可以通过朋友圈展现出来。

5. 直播

还有开直播。在直播中你可以展示你的产品，可以展示生产的过程，也可以和你的粉丝、好友聊聊天。

以上说的都是我们对外分享的载体和渠道，通过输出分享带动你的输入学习。同时，在对外分享传播的时候，你的个人影响力也被传播了出去。

找到同行的人：共同成长与激励

如果你想减肥，坚持 10 天很容易，如果坚持 1 年，减肥这件事情就会变得特别有挑战性。当拉着朋友一起，两个人一起行动起来，看着对方瘦下来的同时自己也会更加有动力。

个人的成长也是一样的，少一些饭局，少一些无效社交，多留出一些时间给到能够与你同行的人。

大家可以参考下面几个方法找到与自己同行的人。

1. 加入一个圈子

如果你想要持续成长，除了自己超级自律以外，最好是能够加入一个圈子大家相互督促。比如打卡减肥、打卡写文章、打卡拍视频等，互联网上也有很多这种打卡的圈子，在圈子里与大家一起进步。

2. 找几个相互督促的人

如果你不想加入一个圈子，也可以找几个可以监督你的人，每天向他们汇报今天的进展，最好是有一定的惩罚措施，比如在减肥任务中每天要完成行走1万步的任务，如果今天没有完成，明天就少吃一顿饭或者吃一根苦瓜。

持续复盘：总结经验，不断进步

什么是复盘？很多人都听说过这个词，但每次复盘的时候只是进行简单的回顾，比如这个工作做完了，复盘一下为什么做得不好。这种复盘的价值很低。那么，如何才能做好一次复盘呢？

我一般把复盘分为4个环节：第一，明确这个任务开始之前的目标，比如我要在3个月内新增100个老板的微信，这个就是比较清晰的目标；第二，查看结果，看这个任务是否完成，比如只完成了50个；第三，分析过程，也就是思考做这个任务的过程中我用了什么样的方法，为什么没有达到；第四，给出优化方案，也就是怎么调整才能够做得更好。

当然，复盘也会分多久复盘一次，什么阶段复盘一次。比如我的个人成长计划中的季度计划是：

A. 阅读完 12 本关于企业管理的书。

B. 新增 100 个企业老板的微信。

C. 每周不少于 1 天陪伴孩子。

D. 每天不少于 1 万步运动。

E. 参加 3 场线下活动。

那么如何推进我的个人计划呢？

1. 每日反思

绝大多数人是没有每日反思的习惯的。之所以每天都要思考，是为了观察每天的自己和前一天相比有哪些成长。每天晚上都要思考三个核心问题：我今天距离目标还有多远？今天完成了哪些事情？明天要怎么努力才能够做得更好？

2. 每周总结

把最初罗列出来的各个目标都做一个进度表，一周结束之后，看是进展了 1% 还是 10%。比如看书这件事，可能这一周太忙，根本没有时间阅读，那就要考虑我在后面的时间里，能不能匀出来更多的时间去阅读。每周都要复盘，来观察自己这一周是如何度过的，之前计划的这些目标有哪些是可以完成的。

3. 每月回看目标

每个月进行一次目标回顾，看是因为自己的目标定得太高了才无法完成，还是因为自己太懒了，缺乏行动的动力？根据每个月的进度调整目标，如果落掉的比较多，那么就需要在接下来的两个月时间里往前赶。

4. 每季度大调整

年度大计划并不是一成不变的，每个季度末都要根据自己的实际情况来规划下一个季度的具体行动。尽可能让自己的行动得到正向的反馈，不要设立太多不切实际的目标。

5. 半年评估进度

每半年要评估前半年的核心进度，比如你制订的年度业绩目标600万元，但是过了半年时间才做到了200万元，那就要提前思考后面的半年应该如何做才能够完成。

6. 年终复盘全年计划进展

为什么会有年终总结？就好像打了一局游戏，马上过年了，这一局游戏也就结束了，年终复盘过去的一年时间里你的得失，在调整之后，制订自己第二年的计划。

　　复盘是持续精进的关键点，只有不断地复盘才能够看到自己的目标和任务进展到什么程度了，以及如果没有达到预期，自己接下来应该做哪些提升。

　　如果你想创造属于自己的一份事业，最核心的永远是你自己，你的认知以及成长的速度决定了你未来能够赚到的钱和事业的规模。

CHAPTER *3*
产品打造

作为一个创业者，你应该如何设计自己的爆款产品来打开市场呢？

作为一个销售，你应该如何把一个产品卖出去呢？

你卖的并不是一个产品，而是客户对你这个人的信任，所以你在客户心中的形象就尤为关键。

产品是推进用户信任的工具。当我们在给到客户一个产品的时候，如果他用着不好，还会找你复购吗？肯定是不会的。比如，小米手机卖得特别好，大家就都知道小米家的产品性价比特别高，后面小米做家居用品、音响、电视等都会让用户感到小米家的产品就是好。

另外，产品具备不同的属性。如果单纯从一个产品的实用功能价值来看，一个手提包只是用来装一些小东西，那么买LV的包花几万块钱就无法理解，所以还要考虑到产品的展示价值。正因如此，在设计一个产品的时候不仅要考虑产品好不好用的问题，还要考虑如何赋予产品更多的价值意义。

你卖的是什么

　　每个创业者都在销售某种"产品"或"服务"，但背后真正卖的，其实是解决问题的能力和满足需求的价值。

　　如果你是做家用陶瓷餐具的，你卖的是什么？你卖的是一个高品质生活的态度，是对自己和家人好一点的情怀，是追求品质的信念。我们在考虑卖的是什么的时候，就是在梳理定位以及卖点。

　　比如说我现在做的礼品行业，卖的是商品还是礼品？这两个不同的定位就决定了客户的付费意愿度，礼品往往能够有更高的溢价能力。任何快消品都可以用礼品的方式进行销售，比如说酒水可以买来自己喝，也可以买来送给亲朋好友，如果是买来自己喝，那它就是一个商品；如果买来送给亲朋好友，那它就变成了一个礼品。

当你在卖一个产品的时候，可以先从以下几个方面去考虑。

1. 你的客户是谁

你永远不可能服务所有人，因此要思考清楚你的目标用户是哪些人。比如在饮品市场，蜜雪冰城就是针对低消费人群做的平价饮料，而喜茶就是针对高消费人群开发的饮品，针对的是两个完全不同的目标人群市场。我在做的礼品行业目标人群市场就很清楚，一个是想做礼品这个生意的人，另一个就是需要礼品发放福利和走访客户的企业或者个人。当你思考清楚你的产品是服务哪一类人之后，才能够更有针对性地去优化提升产品的品质以及营销的方向和思路。比如你是做抖音实体门店引流的，那你的客户就是那些开实体门店的人，他们关注什么、痛点是什么、付费能力怎么样，你要很清楚。

2. 解决什么问题

所有的产品都是为了解决用户的某一个问题。比如卤鸭货就满足了用户夏天喝酒时要来点有刺激性的食品下酒的需要；小罐茶解决的就是原来大桶茶叶拆开不好保存，以及每次喝茶不知道放多少的问题。你的产品能够解决的问题就是产品本身的价值。

3. 以什么方式解决

这个主要是指交付流程。如果你做培训业务，那么你解决用户问题的方式可能就是线上、线下授课。当然，对于实体产品，把这个东西从你这儿交付到客户手里就已经完成了产品销售的整个过程。对于礼品行业，我们提供一站式的企业礼品解决方案，从需求分析、礼品策划、设计定制到物流配送，我们都有专业的团队进行全程服务。每一份礼品都根据企业的需求和预算进行个性化定制，确保最大程度地传递企业的价值和信息。

4. 从哪儿可以找到这些人

当你有了一个产品之后，一个是找到自己的分销渠道，而不能仅凭自己去做零售。可能零售的利润会比较高，但是量起不来。比如你是开饭店的，那么你能不能从周围的小区找到 30 个团长来给你做分销团购？你可以拿出一个菜品，团长分销之后你给他们配送。另一个就是找到谁能够购买你的产品，也就是你的潜在客户群体，这个就要根据你的具体产品来定义。也就是说，你的产品已经打造好了，也知道你为什么人解决什么问题了，那么如何找到他们？他们都在什么地方？比如我的客户群体大部分是企业客户，那么企业客户都在哪些地方？我会加入不同的协会、商会，在这些圈子里面能找到和我的业务匹配度比较高的人群。

做任何生意都是人、货、场的组合。在十几年前你可能只需要租一个人流量大的门店，基本上就不会赔钱，那时候人是在街上流动，逛街的人比较多，很多人的消费需求是走到街上之后才出现的。但是现在我们能够接触到这些人的场景发生了变化，不只是在线下门店，还在抖音、小红书、视频号、快手上面，用户在出门逛街之前已经在这些平台完成了消费种草，出门就直奔这些门店了，所以如果你不具备新的获客能力，将被这个时代淘汰。

5. 如何让他们先体验到你的产品

无论你做什么产品，都应该有一个让用户先体验到我们产品的品质以及我们服务的价值的产品。比如，卖豪车的可以给已经买了豪车的人赠送超值的深度保洁服务，这个保洁服务被很多客户发布在各种平台，那么这个保洁服务就是豪车产品的体验产品，让你的潜在用户感受到你服务的价值。

我是如何让潜在客户先体验到我的产品呢？每次线下活动或者聚餐，我都会带一些我正在卖的产品给大家分享，很多人品尝后感觉味道很好，过不了几天直接找我下订单。比如做面包的可以先在抖音上推出一个引流产品到店后再升单转化、做高品质家居用品的可以先推出一款高品质浴巾等，都是先把你的服务让潜在用户体验到，这个可以算在你的产品营销成本里面。

通过以上 5 个部分的思考，基本上就能够梳理清楚你的产品的定位，在后续的营销中能够更加有针对性。

打造爆款产品的 5 个步骤

首先要明确的是，爆款产品是相对的。比如我们自己的一款鲜椒酱，一年的销量能达到 1500 万元，这个量级如果放在淘宝上面就不值一提，但在我们自己的产品线及客户需求上，确实是一款特别爆的产品。

一个爆款产品需要具备极致的客户体验、可持续的口碑传播以及厚道的价格。

爆款产品的第一个核心要素是品质。任何产品，只要想长久地在市场上生存，就要保证品质，这也是我自己选品的核心原则：好品不怕贵，但不能降低品质。此外，再大的爆品也要经过小市场的用户验证及反馈。如果你要打造一个爆款产品，可以参考下面 5 个步骤。

1. 明确产品定位与市场需求

在这一步骤中，关键是要深入了解目标市场和潜在客户的需求。通过市场调研，分析竞争对手的产品特点、市场占有率和消费者评价，找出市场空白和潜在机会。同时，要明确产品的核心卖点和目标受众，确保产品能够满足特定群体的需求。

比如某智能家居品牌通过市场调研发现，消费者对智能门锁的需求日益增长，但市场上大多数产品存在安全性不足、操作复杂等问题。于是，该品牌决定推出一款集安全性、便捷性和智能化于一体的智能门锁产品，明确定位为高端智能家居市场。

某健康食品品牌发现市场上对于无糖、低脂的健康零食的需求日益增加。经过深入调研，他们决定推出一款以天然食材为原料，无添加、低糖低脂的健康能量棒。这款产品迅速抓住了目标市场——健康意识强的年轻消费者，从而实现了明确的产品定位。

2. 打造独特的产品优势

明确产品定位后，要致力于打造独特的产品优势。这可以通过创新设计、采用先进技术、选用优质原材料等方式实现。独特的优势能够让产品在众多竞品中脱颖而出，让消费者产生强烈的购买欲望。

比如某手机品牌在打造爆款手机时，注重设计创新和用户体验，推出了一款具备全面屏、高性能处理器和出色拍照功能的手机。同时，该手机还采用了独特的快充技术和防水设计，为用户提供了更加便捷和安全的使用体验。这些独特的产品优势使该手机在市场上迅速脱颖而出，成为爆款产品。

同样地，某家电品牌在打造爆款空气净化器时，注重技术创新和用户体验，研发出一款具备高效过滤、静音运行和智能控制功能的空气净化器。同时，该产品还采用了独特的外观设计，使其在众多空气净化器中脱颖而出。

3. 制订合理的定价策略

定价是爆款产品打造过程中至关重要的一环。要根据产品定位、市场需求、成本以及竞争对手的定价情况来制定合理的定价策略。过高的价格可能让消费者望而却步，而过低的价格则可能损害品牌形象和利润空间。

比如某时尚品牌在推出新款手袋时采用了高端定价策略。他们通过精心设计和选用优质材料的方式，打造出了一款时尚、实用且具有收藏价值的手袋。虽然价格相对较高，但由于产品的独特性和品质保证，吸引了众多追求时尚和品质的消费者购买。

某时尚服装品牌在推出新款时尚连衣裙时采用了中端定价策略。他们通过选用优质面料、注重细节设计和品质控制，打造出了一款既时尚又实用的连衣裙。定价既不过高也不过低，恰好符合目标消费者的心理预期，从而吸引了大量购买者。

4. 制订有效的营销策略

有效的营销策略对于爆款产品的推广至关重要。可以利用社交媒体、广告、公关活动等多种渠道进行宣传和推广。同时，要与意见领袖、网红或明星合作，提高产品的知名度和影响力。此外，还可以通过举办促销活动、提供优质的售后服务等方式吸引更多潜在客户。

比如某化妆品品牌在推广新款口红时，采用了社交媒体营销策略。他们与知名美妆博主合作，通过发布试色视频、教程和推荐内容来吸引潜在消费者的关注。同时，该品牌还在社交媒体上举办了有奖转发活动，鼓励用户分享产品信息并获得优惠。这些营销策略使得新款口红在短时间内迅速走红，成为爆款产品。

5. 持续优化与迭代产品

爆款产品的打造并非一蹴而就，而是一个持续优化与迭代的过程。产品上市后，要密切关注市场反馈和客户评价，及时发现产品存在的问题和不足，并针对这些问题迅速进行调整和优化，以满足市场和客户的需求。同时，要持续关注行业动态和技术发展趋势，及时将最新的技术和理念应用到产品中，保持产品的领先地位和吸引力。

比如某电子产品品牌在推出新款智能手表后，积极收集用户反馈和市场数据。他们发现用户在续航能力和健康监测功能方面存在需求。于是，该品牌迅速对产品进行优化和迭代，推出了具备更长续航时间和更精准健康监测功能的新版本智能手表。这些改进使产品更加符合市场需求和期望，进一步提升了产品的竞争力和吸引力。

设置多级产品体系

大部分创业者只有产品，但是没有产品体系。产品体系就是为了更好地服务不同需求的客户而设计的不同价位的产品线。比如一个洗车店有普通洗车29元、精洗49元、打蜡99元等选择，这就是一个产品线，可以满足有车用户的不同需求。一个完整的产品体系需要有引流品、黏性品、利润品、赠品以及超高客单产品，下面给大家具体分析一下如何设计不同类型的产品。

1. 体验型产品——引流品

无论做什么生意，哪怕是高客单的产品也需要设计一个引流的产品。

给大家分享一个案例。我做的鲜椒酱产品在很多饭店都有卖，有一个饭店卖得特别好，他们在每一桌客人落座之后都会送客人一碟鲜椒酱，而且会重点介绍其特色和吃法。等吃得差不多了，会再次对客人进行引导推销，并给出优惠价格。很多请客的人都会选择买上 2 箱送朋友。这就是以免费试吃作为引流产品来实现后端的转化升单。

有一次去郑州出差，我住的酒店楼下有一家卖香葱大饼的店，隔着五六米都能闻到香气，而且没到午饭时间就已经排满了人。后来我了解到，这家店试营业有 5 天是排队免费送 3 元的饼，这就是对产品的复购率有足够信心，店家相信顾客只要吃一次就会有复购的可能，也怪不得这么多人排队。

最后总结一下，你做任何生意都应该有让用户先感知到你的产品或者服务价值的东西，这个引流的产品可能并不是实体的产品，可以是一本书、一节课、一个宣传片等。

2. 留客型产品——黏性品

在短视频的时代引流并不是难事，难的是如何把引流来的人留下来。我的很多朋友是餐饮行业的，2023 年抖音 "本地生活" 很火，好几个朋友都请了达人带货，原价 199 元的套餐在抖音只卖 99 元。一开始感觉还很好，门店每天都爆满，但闭店之后一算账，根本就不赚钱，于是就把抖音的推广活动给停掉了。而更可怕的是，停掉抖音推广之后门店里连人都没有。这就是一个死循环，用低客单的产品引流，结果到店的人都是来"薅羊毛"的人。之所以出现这种情况，是因为门店并不懂得如何留住客户。

如果我来设计这个99元的套餐，我可能只在套餐中放一个荤菜，到店之后只需再加20元就可以升级成有3个荤菜的套餐，如果是你，会不会升级？同时，再给客户一个当餐免单的理由，比如客人共消费120元，他只需要当餐储值消费金额的4倍就可以免单，也就是他只需要储值480元，这一单就给他免费了，卡里面的480元什么时候来消费都可以。

零售行业的生意都要有留住客户的黏性产品。比如某饭店的每个桌台上都会放一张价值99元的会员卡，顾客只要花99元开卡，就可以享受每次来吃饭都可以获赠一碗价值50元的疙瘩汤，同时还可以享受菜品的折扣。如果这家店的味道还可以，我一定会购买这个会员卡。这个会员卡还不是储值的会员卡，属于一种权益，这个权益是需要付费购买的。

还可以怎么设计权益卡呢？比如10份凉菜、10扎玉米汁、10个热菜总价值在1000元左右，你把这30份菜品打包成一张权益卡，每次到店消费时可以使用其中任意一个，也就是你用一张权益卡锁住了客户30次的消费。这张卡定价多少合适？只需要99元就可以，而且每个销售推广出去一张再给他返利50元。为什么可以这么做？因为这张权益卡里面都可以有效锁定客户，当客户购买了这张权益卡之后，他就会优先考虑在你这儿消费。

黏性产品的设计原则是把用户留下，持续产生复购，让用户感觉到超值，同时对于品牌方来说成本又比较低。

3. 赚钱型产品——利润品

商业里面有一个很简单的逻辑，就是我的引流品可以不赚钱，但是我的利润品一定是能够支撑引流品的成本的。比如一个蛋糕店，可能它的蛋挞就是引流品，而生日蛋糕就是利润品。

这个产品的设计不需要额外的讲解，因为大家最擅长设计利润产品，而且自己的产品线里最主要的就是利润产品。

4. 促单型产品——赠品

赠品的目的是提升利润产品的成交率。比如，我们经常看到加油站里面搞活动，满300元就送玻璃水、纸巾或者矿泉水。赠品的作用是吸引消费者的注意力，提高产品的购买率。同时，赠品还能增强消费者对品牌的认知和好感度，有助于培养忠诚客户。

在零售行业里，大部分营销赠送的都是比较实用的产品，包括超市里和酸奶打包在一起的杯子、买油赠盆子也是一样的。另外一个比较常规的设计是买4送1，相当于是满赠，把产品本身作为赠品，提升产品的出货量。

一家户外装备品牌为了促销其新款登山鞋，决定以高质量的登山袜作为赠品。这种赠品不仅实用，而且还能提升顾客在使用登山鞋时的舒适度。通过赠送实用的赠品，品牌成功地吸引了更多户外爱好者购买其产品。

如何让用户感觉到你赠送的产品有高价值呢？比如有些母婴门店会放一款价格特别高的奶粉，平时是不卖的，只在做活动的时候往外送；因为摆在比较显眼的位置，门店的顾客基本上都知道这个奶粉价格特别高，当商家把这个产品作为赠品的时候，大家就会觉得特别值。

5. 高利润产品——超高客单产品

为什么一个创业者或者一个品牌一定要有自己的超高客单产品？这涉及销售的最核心逻辑：概率。超高客单产品是最为有效的在不增加额外运营成本的情况下提升利润值的方案。当你已经拥有1000个从你这儿购买客单价在500元左右的产品的客户时，在经营成本不变的情况下，你推出了一款4500元的产品，哪怕只有10%的用户下单购买，你的营业额也会增长一倍，利润额可能会增长3～5倍。

比如，某陶瓷品牌有一个国瓷系列，这个系列的产品一套都要上万元，这个就是属于它们的超高客单产品。新能源汽车领域的特斯拉，在开发第一款车的时候也是先推出了一款超高客单的百万级产品，在占领用户心智后卖的销量最大的是价格20万~30万元的车。

餐饮门店在设计菜单的时候往往会设计一个价格很高的菜品，比如定价300元的"霸王别鸡"，但这个菜品并不是用来常规销售的，而是用来提升客单价及利润额的；还有一个作用是做价格锚定，用户可能不会选择最贵的，但可能会选择第二贵的。

打造超高客单产品的价值都有哪些呢？以刚才的餐饮门店为例。

（1）**提升客单及利润额。**高价菜品的存在本身就能提升整个菜单的平均价格水平。即使只有少数顾客选择这些高价菜品，它们的存在也会让其他菜品的价格看起来更加合理，从而促使顾客增加整体消费支出。

（2）**锚定品牌价格。**当消费者看到一个高价菜品（如"霸王别鸡"300元）时，这个价格会在他们的脑海中形成一个"锚点"。随后，当他们考虑其他价格较低的菜品时，这些菜品的价格会显得相对合理乃至便宜。因此，即使消费者不选择最贵的菜品，他们也可能倾向于选择比最贵菜品便宜但比其余菜品稍贵的选项，这就是所谓的"第二贵"现象。

（3）**品牌形象塑造。**高价菜品有时也被用作展示餐厅高端形象和独特厨艺的方式。即使顾客不经常点这些菜，它们的存在也能为餐厅营造一种高端、专业的氛围。

（4）创造话题。一些特别的、高价位的菜品往往能成为顾客讨论的焦点，从而增加餐厅的话题性和吸引力。这种"口碑效应"有助于餐厅吸引更多新顾客。比如一个牛肉拉面馆推出了一碗5000元的牛肉拉面，采用顶级牛肉、40多只鸡与牛大骨熬煮的高汤，面粉和配料都是顶级的。这碗牛肉面带来了自然的流量传播，很多人都被这个定价惊呆了，会拍照片、拍视频主动分享。如果你到这个拉面店，5000元一碗的面吃不起，但他们的普通拉面只要30元一碗，你会不会觉得很便宜？

那么如何打造自己的超高客单产品呢？高客单产品都是围绕你前端产品的用户需求来制定的。比如洗车，普通洗车30元一次，而299元一次的精洗就是你的高客单产品；如果你店内还代销车险，那这个也属于超高客单产品。又如，有个做鱼头的品牌，他们的口号是鱼头越大越好吃，可能普通的鱼头客单价只需要128元，但是大鱼头能够卖到300元一份，一个口号就把销售额提升了一倍。我们经常去的理发店也是一样的，总监、店长、创始人等不同级别的人理发的费用是不同的，也是采用了这种产品设计策略。此外，如果你是做白酒的，可以设计一个大坛酒存酒产品；如果你是做餐饮的，可以设计一个超豪华标准套餐或者一道高客单菜品，比如牛头宴；如果你是做

酒店的，可以打造一个顶级套房。这些都是可以参照的超高客
单产品打造形式。

招募你的超级粉丝团队

绝大部分创业者在开发产品的时候是没有和用户进行互动的，只是以专业的身份去打造一个产品，具备很好的产品思维，但缺乏用户思维。让用户参与到你的产品开发、销售、升级的全过程，会大大提升产品力。打造自己产品的超级粉丝团队有哪些好处呢？

1. 获取宝贵反馈

种子用户是产品的最早体验者，他们能够提供关于产品功能、用户体验、界面设计、包装设计等方面的直接反馈。这些反馈对于产品的迭代和优化至关重要，能够帮助团队在正式发布前发现并修复潜在问题。

2.调整产品方向

通过与种子用户的互动，产品团队可以更好地理解用户需求和市场趋势，从而调整产品方向以满足更广泛的用户需求。

3.实现口碑传播

种子用户通常对产品充满热情，他们愿意在社交媒体、朋友圈等渠道分享自己的使用体验，从而为产品带来免费的口碑传播。

4.培养忠实粉丝

通过精心维护与种子用户的关系，产品团队可以逐渐将他们转化为忠实的粉丝和倡导者，为产品的长期发展奠定坚实的基础。

小米在早期阶段通过社区论坛等方式积极招募科技爱好者和发烧友作为种子用户。这些用户提供了大量关于手机功能、性能、设计等方面的反馈，帮助小米不断完善产品。同时，小米也通过这些种子用户进行口碑传播，逐渐形成了庞大的粉丝群体。

特斯拉在推出首款电动汽车时，通过限量发售和邀请制等方式招募了一批对电动汽车感兴趣的种子用户。这些用户不仅为特斯拉提供了宝贵的反馈和建议，还通过社交媒体等渠道积极宣传特斯拉的产品和理念，为特斯拉的品牌建设作出了重要贡献。

作为一款知识分享产品，"罗辑思维"在早期通过微信公众号等渠道招募了一批对知识分享感兴趣的种子用户。这些用户为罗辑思维提供了关于内容质量、分享方式等方面的反馈，帮助罗辑思维不断优化产品体验。同时，这些种子用户也成为罗辑思维的忠实粉丝和推广者，为产品的快速发展提供了有力支持。

山东青岛有一个品牌叫作船歌鱼水饺，他们的粉丝客户被称为"饺子侠"，每个"饺子侠"都会有一个"饺子令"。"饺子侠"是船歌鱼水饺创造的一个虚拟形象，类似于品牌的吉祥物或者代言人。这个角色的设计很有趣，能够引起消费者的注意和兴趣。船歌鱼水饺树立"饺子侠"这个形象，通过社交媒体、线下活动等多个渠道与消费者互动，增强品牌的亲和力和趣味性。"饺子令"则是一种促销活动或者会员计划。船歌鱼水饺会发布一些特定的"饺子令"，比如优惠券、打折信息、新品试吃机会等，作为对消费者的奖励或者激励。消费者可以通过完成一些任务、参与互动活动或者达到一定的消费额度来获得这些"饺子令"。这样的活动不仅增加了消费者的参与感和忠诚度，也有效地促进了销售和品牌传播。

每个品牌、创业者都应该有自己的超级粉丝用户群，让更多的人产生共鸣，会极大提升产品力。这里说的超级粉丝，并不是你的产品的所有消费者，而是那一小部分对你们品牌特别忠诚的人。如何招募到自己的超级粉丝以及维护好他们呢？

1. 定义超级粉丝权益

首先，明确超级粉丝应该享有的特殊权益。这些权益可以是独家的、具有吸引力的，并且能够体现出超级粉丝的身份和地位。例如：优先购买新产品的权利；专属折扣或优惠；参与品牌活动的机会（如见面会、发布会等）；接收品牌的独家资讯或内部消息；个性化定制的产品或服务。

2. 招募超级粉丝

招募超级粉丝需要通过多种渠道和方式进行。以下是一些建议：

社交媒体互动：在社交媒体平台上积极与粉丝互动，发现并识别那些对品牌充满热情的粉丝。

会员计划：建立会员计划，鼓励粉丝注册并成为会员，以获取更多的权益和优惠。

线下活动：举办线下活动（如体验会、品鉴会等），邀请粉丝参与，并在活动中发现和招募超级粉丝。

用户推荐：鼓励现有的超级粉丝推荐其他潜在的超级粉丝，并给予相应的奖励。

3. 管理超级粉丝

管理超级粉丝需要建立一套完善的管理机制和沟通渠道。以下是一些建议：

建立粉丝数据库：记录超级粉丝的基本信息、互动历史和购买记录等，以便进行个性化的营销和服务。

定期沟通：通过电子邮件、社交媒体或专属社区等方式，定期与超级粉丝保持沟通，分享品牌动态、新品信息和独家优惠等。

组织专属活动：为超级粉丝组织专属的活动，如线上互动游戏、线下见面会等，增强粉丝的归属感和参与感。

激励与奖励：设立激励机制和奖励计划，对积极参与品牌活动的超级粉丝给予奖励和认可，如积分兑换、专属礼品等。

4. 评估与调整

定期评估超级粉丝计划的效果，并根据评估结果进行必要的调整。评估可以包括以下几个方面：超级粉丝的活跃度、参与度和忠诚度；超级粉丝计划对品牌知名度和销售额的影响；超级粉丝的满意度和反馈意见。

根据评估结果，可以调整超级粉丝的权益、招募策略和管理方式等，以更好地满足粉丝的需求和期望。

塑造产品价值的6种方法

当你在卖产品的时候你在卖什么？

听到这个问题后，大多数创业者都会陷入思考。可能你从来没有考虑过你是在卖什么。

在新的时代，你卖的不只是商品的实用功能，更多的是用户体验。比如一个餐饮店，同样是卖炖鸡，其中一家店主打的是农夫山泉水柴火慢炖山鸡，另一家店只写了炖山鸡，你会选择哪一个？我相信很多人会选择前者。这就说明我们要卖的产品是一个独特的价值呈现。如何才能够做好产品的价值呈现，让用户感知到产品的价值呢？

1. 打造一个独有概念

概念包装的主要作用是向外传递产品的独特性以及差异点，

给你的产品想一个独特的概念，会让用户感受到产品的不同。比如，王老吉的概念是怕上火喝王老吉，食品领域的无糖、有机、富硒等，都是给产品加一个独有的概念属性来提升产品的附加值。

2. 设计一个独特包装

在包装这类案例里面，比较有名的就是小罐茶，想到这个品牌就会想到他们的口号：小罐茶，大师造。这个品牌是第一个把茶分装成小包装打爆市场的品牌，很多机场、高铁站都有他们的广告牌。

又如，2024年哈尔滨旅游爆火之后，中央大街上卖的圣索菲亚教堂造型的蛋糕也火起来了。每年夏季的时候，很多景区都会推出地标造型的雪糕，也是属于给产品一个独特的包装。还有竹筒奶茶，用竹筒代替塑料杯盛奶茶，特别适合拍照，这就是不同。

细心观察一下，你身边有哪些通过独特的包装吸引了你的产品？同时思考一下，你的产品可以通过什么样的独特包装来吸引客户？

3. 讲述一个情感故事

先给大家分享几个案例：

案例一：老树红茶

在一个遥远的山区，有一棵几百年的老茶树。据说这棵树是祖先种下的，它见证了村庄的兴衰变迁。村里的老人说，喝这棵老树的红茶能够感受到祖先的智慧和祝福。然而，由于地势偏远，这里的红茶一直未能走出大山。直到一个年轻人决定回乡，他立志要把这份来自祖先的祝福分享给更多的人。他精心采摘、制作，每一片茶叶都蕴含着对大自然的敬畏和对传统的尊重。当你品尝这杯老树红茶时，仿佛能听到风中祖先的低语，感受到那份跨越时空的祝福。

案例二：手工布鞋

在一个小镇上，有一位老鞋匠。他从小跟随父亲学习手艺，一生都在坚持用传统方法制作布鞋。他说，每一双鞋都是一份对过去的怀念和对未来的期望。他的布鞋舒适、耐穿，但更重要的是那份匠心和情感。每一针、每一线都凝聚着老鞋匠的心血和对美好生活的向往。当你穿上这双鞋时，仿佛能感受到那份来自匠人的温暖和关怀。

案例三：家乡味道的鲜椒酱

有一个地方以其特制的鲜椒酱而闻名。这种鲜椒酱的独特之处在于它是由一位老妈妈用家传秘方制作的。据说，这位老妈妈年轻时为了爱情远嫁他乡，但她始终忘不了家乡的味道。于是她开始尝试制作家乡的鲜椒酱，希望能把那份思念和味道传递给更多的人。经过多年的尝试和改进，她终于制作出了独一无二的鲜椒酱。每一瓶鲜椒酱都蕴含着她对家乡的深情厚谊和对生活的热爱。当你品尝这瓶鲜椒酱时，仿佛能品味到那份浓浓的乡愁和家的味道。

案例四：故乡的蜂蜜

有一个被群山环抱的小村落，这个村落因其特殊的地理环境和气候条件，盛产一种独特的野花。每年春天，当这些野花盛开时，整个山谷都弥漫着淡淡的花香。而这里的村民世代传承着一种养蜂的手艺。村里有位老人，他从小就跟随着父亲学习养蜂，对蜜蜂的习性了如指掌。他深知，只有用最纯净的环境和最天然的花蜜，才能酿出最好的蜂蜜。每年春天，他都会带着自己的蜂箱，跟随花开的脚步，穿梭在山谷之间。

然而，随着时代的变迁，村里的年轻人纷纷离开家乡，去往城市寻找更好的生活。老人看着日渐荒芜的村落和逐渐减少的蜜蜂，心中充满了无奈和惋惜。他希望能够将这份来自故乡的甜蜜传递给更多的人，让他们记住这个美好的地方。于是，老人开始将自己的蜂蜜精心包装起来，每一瓶都附上一个小故事，讲述着这片山谷、这些蜜蜂和他的养蜂故事。他希望通过这份甜蜜的味道，能够让更多人感受到故乡的温暖和美好。

当你打开这瓶蜂蜜时，仿佛能够闻到山谷间的花香，感受到老人的用心和坚守。每一滴蜂蜜都蕴含着大自然的馈赠和故乡的情感，让你在品尝的同时也品味到了一份深深的乡愁和家的味道。

你的产品能不能仿照上面几个案例来讲一个故事呢？相较于产品本身，大家对这个产品背后的故事会更感兴趣。

4. 营造一种稀缺珍贵的感觉

有一次朋友送给我一箱沂源苹果，他说这个苹果是在中庄镇海拔最高的一个山上的阳面种植的，这片果园的面积只有不到 10 亩地。因为海拔高又向阳，这个位置产的苹果特别脆甜，所以每年这个果园里面的水果都被早早地预订出去，今年是特意委托朋友留下了几箱，给我送过来，让我一定要尝一尝。你看，原来只是吃个苹果，这么一描述，这个苹果我自己都舍不得吃了。

营造稀缺的案例还有很多，比如：

有一次，我去拜访一位紫砂壶收藏家。他拿出一把看似普通的紫砂壶，却告诉我这是孤品，这把壶是一位已故大师在晚年亲手制作的，整个制作过程耗费了数月时间，而且大师在制作完这把壶后就再也没有动过手。据说，这把壶的泥料也是大师亲自挑选、调配的，与普通的紫砂泥有着天壤之别。这把孤品紫砂壶不仅代表了大师的最高技艺，更是传统文化的珍贵遗产。现在，这把壶已经成为收藏家们的宠儿，价值连城。

去年，我去深山老林中探险，偶然遇到了一位养蜂人。他告诉我，在这片茂密的森林中，有一种野生的蜂蜜非常珍贵。这种蜂蜜是由深山老林中的野生蜜蜂采集百花蜜酿制而成的，味道醇厚、香气扑鼻，具有极高的营养价值。但是，由于野生蜜蜂的数量稀少，且生活在人迹罕至的深山老林中，所以这种蜂蜜的产量极低，养蜂人每年只会采集一次，而且每次采集的量也非常有限。他告诉我，这种野生蜂蜜是他用心守护的宝藏，他希望让更多的人品尝到这份来自大自然的馈赠。

通过上面几个案例，你也可以试着为自己的产品赋予一种稀缺的价值，如果实在找不到，那就把活动的稀缺性做好，比如活动仅剩3个名额、活动最后3小时结束，这也是在通过稀缺的属性让用户感知到活动的价值。

5.让用户感受到有价值的产品体验

产品体验的外化设计是为了让顾客在使用这个产品之前就能够感受到这个产品的价值。有一次去参加一个聚会，有朋友带了一瓶酒，他先给我们演示了拉酒线。他把这个酒瓶提得很高，往杯子里面倒酒，最后落到酒杯里的酒线特别细，他说酒线越细说明酒质越好，因为越是纯粮食酒、越是存的时间长，酒分子和水分子之间的结合就越紧密；然后教给我们看酒花，他往杯子里面倒酒的时候，杯子里面有很多小泡泡，那个就是酒花，越好的酒酒花越密。他说还可以通过点燃酒看是否会变浑浊，或者用两个手指捻酒，越好的酒就会越滑。通过他的描述和演示，我突然感觉到这个酒简直比茅台酒还要好。这就是让用户感知到了产品的价值，还没有喝就已经感觉很好了。

具体如何展示从而让用户感知到产品的好呢？可以从人的视觉、嗅觉来考虑，比如卖熟食的都会安装一个暖光灯，让人看着更有食欲；西贝莜面村进店就会见到一大盆牛大骨，让用户看着就觉得牛肉好吃；卖陶瓷用具的会通过光线让你看到透光性和光泽度；卖麻椒鸡的会让你看到鸡肚子里都是麻椒、辣椒；一个饭店如果想要让用户感觉到干净，最应该做的是把厕所的卫生打扫好，这些都是通过视觉的呈现让用户感觉到价值。在嗅觉方面，早几年比较火的北京五道口枣糕，每次出炉喷香的味道隔着路口都能闻到，周围的大学生和上班族都会去排队购买。

6. 让用户感受到舒心的服务体验

在商品饱和的时代，服务竞争尤为关键。如果你住过亚朵酒店，当你过去办理入住的时候，服务员会先给你端来一杯水，夏天的时候是绿豆汤，冬天的时候是一杯热茶，当你办理好入住、推开门进入房间之后，你会看到浴室里面的花洒是对着墙的，这样就不会在打开淋浴时被凉水喷到。这个过程就是用户享受的服务体验。

胖东来提供了多种购物车以满足不同人群的需求。比如为老年人准备的购物车附有座位，方便他们累了可以休息，购物车旁边还配备了放大镜，便于老年人查看商品信息。对于带宠物的顾客，胖东来在店外设置了专门的宠物寄存处，并贴心地提供了饮用水。

在商品信息展示方面，胖东来也做得非常细致。例如，在果蔬区，会标明商品的等级、产地、糖度、口感、烹饪方法和食用禁忌，让顾客可以更全面地了解商品信息，做出更合适的购买决策。对于某些需要特别说明的商品，比如冻肉食材，胖东来还会免费提供冰袋，确保商品在顾客带回家后仍然保持良好的品质。在儿童区，胖东来设置了方便儿童取东西的小凳子，这一举措既方便了儿童，又避免了他们因为够不到商品而发生的意外。

胖东来还提供了一些其他的人性化服务。比如员工会为顾客倒牛奶试饮，这不仅让顾客在购买前可以品尝到商品的味道，还增强了顾客的购物体验。还有，店内随处可见的休息座椅，让带孩子的顾客或者逛累的顾客可以随时休息。

在退换货服务上，胖东来也做得非常到位。只要在购买后对商品不满意，无论是否已经使用过，都可以随时退换。这种无忧的退换货政策，让顾客在购物时没有后顾之忧。

服务是用心的、诚心的，让用户能够发自内心地感觉到你真的是对他好，自然就会给你带来更多客户的转介绍以及客户的复购。服务又是无形的，细节中让客户感受到被重视、被尊重，才能够维护好客户关系。

产品是 "1"

在产品这个板块，你需要做的是"先产品化自己"。那么如何做呢？

1. 产品化自己

"产品化自己"是一个比较新颖的概念，通常用于描述个人在商业、职场或生活中如何将自己打造成一款有竞争力、有市场需求的"产品"。这个概念借鉴了产品开发和市场营销的理念，强调个人需要不断地提升自我价值，以适应快速变化的社会环境。

把自己产品化的步骤可以大致分为以下几个阶段：

（1）**自我定位**：首先你需要清楚地认识自己，包括你的优势、劣势、兴趣、技能等，然后确定你想要在哪个领域或行业里有所作为，这就是你的"目标市场"。

（2）**价值提炼**：基于你的自我定位，提炼出你的核心价值。这些价值可能是你的专业知识、独特技能、丰富经验或者是你的人脉、影响力等。

（3）**品牌塑造**：利用你的核心价值来塑造你的个人品牌。这可以通过各种方式来实现，如在抖音、快手、小红书、公众号等发布专业文章或视频，参与公开分享等。

（4）**推广与反馈**：将你的品牌推向你的目标市场，让更多人了解你。同时，注意收集反馈，了解他人对你的看法和建议，以便进行调整和优化。

把自己产品化的好处有很多：

（1）**提升自我价值**：通过不断地学习和提升，你会变得更加优秀，你的知识和技能会更加丰富和深入。

（2）**扩大影响力**：当你的个人品牌得到认可和传播时，你的影响力也会随之扩大。这将为你带来更多的机会和资源。

（3）**增强自信心**：通过成功地把自己产品化，你会更加自信和坚定。你将更加清楚地知道自己的价值和方向，不再迷茫和犹豫。

（4）**提高收入**：当你的个人品牌得到认可时，你可能会获得更多的工作机会、项目合作机会或者是咨询服务等，从而提高你的收入。

把自己产品化是一种积极主动的人生态度。它不仅可以帮助你提升自我、扩大影响力、增强自信心，还可以为你带来更多的经济收益。在这个快速变化的社会中，把自己产品化是一种必要的生存技能。

作为一个创业者，把自己打造成一个产品之后，就需要重视你在商业竞争中的产品了。

2. 产品是商业的第一生命线

（1）你需要在自己的产品上付出足够多的时间。很多创业者刚开始创业的时候很重视自己产品的质量，但当企业规模做大之后，出于对成本的考虑更换了产品原材料，降低了产品品质，慢慢地也就降低了用户的口碑，导致复购率降低。如果你不能在自己的产品打造上面付出足够多的时间，就可能会面临一些挑战和限制，比如产品质量不好、用户体验感差等，从而导致竞争力下降，品牌建设受阻。缺乏持续的品牌建设和市场推广，个人或产品的知名度可能难以提升；无法及时响应市场变化或客户需求，可能会错失宝贵的发展机会。

我自己在选品时，无论多远都要到工厂去看工厂的环境、生产的过程，确保客户拿到产品之后都和我试吃到的产品是同样的品质。所以，一个品牌创始人要有足够的耐心，在产品上付出大量精力和时间。

（2）观察用户需求，持续优化产品。在产品的品质把控过程中，要多与你的用户互动，根据用户的需求增加或者删减某种成分，让用户帮助你优化产品的质量，比如上文提到的超级粉丝。

（3）把用户的投诉及差评当作一次进步的机会。很多人担心自己的产品在抖音、美团上有差评，我的想法是给你差评的都是"真爱粉"，如果你能够把对方在差评中指出的问题解决了，那一定会有用户二次复购。最可怕的情况是用户从你这儿买了东西之后，即便感觉不好也不给你差评，就直接不来了。

产品是1，但也只占整个创业过程中的1%。有了好的产品之后，如何经营、如何营销、如何管理团队才是创业成功的关键所在。接下来，我将分享如何通过人脉、提升自我表达能力以及采用不同的销售方法来提高产品销量，提升创业成功的概率。

CHAPTER 4
人脉链接

什么是人脉，作为创业者我们应该如何看待人脉关系呢？首先，我来给大家分析一下拥有人脉网络对你有哪些好处。

　　第一，获取资源。人脉可以为创业者提供所需的资源，包括资金、人才、技术、市场渠道等。通过与投资者、行业专家、潜在客户等建立联系，创业者可以更容易地获取这些资源，从而加速创业进程。

　　第二，获取信息。创业者可以通过与不同领域的人交流，了解行业动态、市场趋势、竞争对手情况等关键信息，帮助自己作出更明智的决策。

　　第三，合作机会。通过人脉，创业者可以发现潜在的合作伙伴，包括供应商、分销商等。与这些合作伙伴建立良好的关系，可以实现资源共享、优势互补，共同推动业务发展。

　　第四，品牌推广。创业者可以借助影响力人物、意见领袖等的影响力来扩大自己品牌的知名度和美誉度。

　　第五，情感支持。在创业过程中，创业者可能会遇到各种困难和挑战。此时，人脉网络中的朋友、家人、导师等可以提供情感支持和建议，帮助创业者渡过难关。

　　那么如何建立自己的人脉网络，通过人脉关系让自己的创业过程少走弯路呢？

建立良好的人脉网络

无论你做什么产品的销售，都离不开人脉网络的帮助。可能你说你做的是互联网生意，不需要人脉关系，那你需不需要跟别人交流？做得比你好的人就是你的人脉。任何生意都可以通过人脉网络得到支持与放大。

1. 人脉不等于功利

尽管在创业或职业发展中，人脉可以为我们带来实际的资源和机会，但这并不意味着我们应该以功利的心态去建立和维护人脉。

人脉的核心是人与人之间的关系。这些关系应该建立在真诚、信任和尊重的基础上。如果我们以功利的心态去对待人脉，很可能会忽视这些关系中的情感和价值因素，导致关系的疏远和破裂。

以纯粹功利的态度看待人脉，是一种短期行为。我们可能会为了眼前的利益而去结交某些人，但一旦利益消失，这些关系也就随之消散。真正的人脉是需要长期投入和维护的，它们能够在我们需要的时候提供持续的支持和帮助。

功利性地追求人脉也容易让我们陷入焦虑和疲惫。当我们把人脉看作是一种可以带来利益的工具时，我们就会不断地计算和权衡，这样的心态会让我们失去享受社交活动的乐趣，也会让我们的人际关系变得紧张和复杂。

2. 人脉的利他与真诚性

人脉关系不能只着眼于个人利益，而是要建立在相互尊重、互惠互利的基础之上。

利他：在人脉网络中，个体之间通过相互支持来实现共同成长。这种支持可以是职业上的提携、情感上的慰藉，也可以是资源共享和信息交流。良好的人脉关系不是单方面的索取，而是双向的互惠。当一方需要帮助时，另一方愿意伸出援手；同时，当另一方有需要时，这一方也会尽力提供支持。

真诚：在人脉关系中，信任是至关重要的。只有当双方都能够真诚相待时，才能建立起深厚的信任关系。真诚是建立信任的基础，建立人脉的第一步是以真诚的态度对待他人。这意味着要坦诚地表达自己的想法和感受，同时也要尊重他人的观点和立场。真诚的人脉关系需要长期维护，包括定期的沟通、分享生活中的点滴以及相互关心和支持。通过持续的投入和努力，人脉关系才能得以巩固和发展。

3. 你能够为之提供价值的才是你的人脉

你能够为之提供价值的人才是你的人脉，这是我一直以来奉行的关于人脉的信条。大多数人会觉得能够帮助到自己的才是人脉，那你有没有问过自己一个问题，即你能够给对方提供什么样的价值？人脉不是只等着收获帮助，而是要互利共赢。真正的人脉是建立在双方价值匹配、相互信任和长期维护的基础上的。换句话说，人脉是一种基于互惠互利原则的资源交换关系。只有当我们能够为他人提供某种价值，同时从他人那里获得我们需要的价值时，这种关系才能持久发展。

4. 认识的人不等于你的人脉

在社交场合，我们常常会听到这样的说法："我认识很多厉害的人，我的人脉很广。"然而，真正到了需要帮助的时候，这些人脉似乎并没有发挥多大的作用。这是为什么呢？其实，关键在于我们没有理解人脉的真正含义。

并不是简单地认识一些人，或者拥有一些人的联系方式就叫作人脉。很多人误以为只要参加了某个高端论坛，或者与某个行业大佬交换了名片，就拥有了宝贵的人脉资源。他们忽略了一个重要的事实：如果自己的能力、价值与这些人相差甚远，那么即使认识再多的人，也难以形成真正的人脉关系。因为对方看不到与你建立关系的价值所在，自然也就不会投入太多的时间和精力去维护这段关系。如果你的能力与你认识的人不匹配，你认识再优秀的人也没有用。

赣州有一个做橙子品牌的朋友，我们每年从他那里定制几千箱橙礼盒。去年这位朋友带着司机开车走访全国的客户，我们的订单在他那里算是小的，但他还是特意来了一趟淄博。中午一起吃饭的时候，他说，通过我的朋友圈、短视频，看到我每天都很努力，他很感动。为什么这位朋友会特意来淄博见我，并给予我特殊的关照和支持？并不是因为我们认识的时间有多长，或者我们的关系有多亲密，而是因为价值观的同频，以及他对我的品牌和价值的认可，认为我是一个值得信赖和合作的伙伴。

5. 建立你的人脉管理档案

从现在开始，你需要给你的人脉关系建立一个档案表，并且实时更新，保证每一个人的信息都真实有效。如何建立人脉管理档案，以及需要记录哪些信息呢？

（1）基础信息。

收集内容：

姓名	
性别	
出生日期	
联系方式（手机、邮箱、社交媒体账号等）	
公司/组织名称	
职位/角色	
所在行业	
教育背景	
居住地/常驻地	

操作方法：

在初次接触时，尽量全面地收集以上信息，可能生日、居住地、教育背景这些隐私的信息不太好一次性收集到，可以在后续聊天的过程中了解，然后补充进去。

使用电子表格或人脉管理软件来存储这些信息，确保信息易于搜索，并且要定期检查并更新联系方式和职业动态，确保信息的准确性。为了方便及时查看，我还会在微信的备注里面写清楚，点击对方微信头像之后可以添加备注或者描述信息，如果你担心下次见面不认识，可以拍一张照片放在描述里面。

（2）关键事件。

记录内容：

初次认识的场合和时间	
重要交往或会议的时间和地点	
合作项目或共同经历的里程碑事件	
互相帮助或支持的具体情况	
值得纪念或特别提及的事件	

操作方法：

在每次与好友互动后，及时记录关键事件。可以使用电子笔记、日历提醒或人脉管理软件的事件追踪功能来记录；定期对关键事件进行回顾，以便加深记忆并发现潜在的合作机会。

（3）拥有的资源及需求。

梳理内容：

朋友的专业技能和知识	
所在行业或公司的资源和优势	
个人或团队能提供的服务和支持	
当前或未来的需求和目标	

操作方法：

在与朋友交流时，注意了解并记录他们的资源和需求；对朋友进行分类，根据他们的资源和需求来制订合作策略；定期评估朋友的资源和需求变化，以便及时调整合作计划。

（4）标签及分组。

分类依据：

职业领域或行业	
关系亲疏（如密友、普通朋友、业务伙伴等）	
专长或技能	
共同兴趣或爱好	

操作方法：

根据上述分类依据，给人脉打上相应的标签，并使用电子表格或人脉管理软件的分组功能来进行分类管理。可以根据不同的标签组合来筛选和查找人脉，提高管理效率。

（5）关联信息备注。

记录内容：

与这个朋友相关的其他联系人或组织的信息	
重要的文件或聊天记录的链接或摘要	
需要特别注意的事项或提醒（如生日、纪念日、重要会议等）	
任何有助于加深与好友关系的信息或细节（如共同经历、兴趣爱好、家庭情况等）	

操作方法：

在日常交往中注意收集和记录与人脉相关的关联信息，并使用电子笔记或人脉管理软件的备注功能来记录这些信息。定期对关联信息进行回顾和整理，确保信息的完整性和准确性。

通过建立人脉档案，我们能够更加清楚地知道谁是做什么的，以及我们能够给对方提供哪些价值。当我们遇到问题时，可以通过搜索人脉档案来查找在这个问题上能为我们提供帮助的人。

4个步骤，建立稳固的人际关系

　　没有任何一个朋友是在第一次见面时就能成为亲密的闺蜜或好友的，我们结交的大多数人脉、朋友都是从陌生到认识，再到熟悉、信任，那么如何做才能结交到更多互相信任的朋友呢？

1. 初次相识：真诚的自我介绍

　　友谊开始于真诚的自我介绍。当你刚认识一个朋友，或者刚加了一个老板的微信时，你要如何做才能够让对方记住你？如果你只是给对方发一个你的联系方式和姓名，可能过了一星期对方刷朋友圈都不知道你是谁。

　　我们新认识一个朋友之后，要先给对方发一个详细的自我介绍，这个介绍最好能有多个版本，可以分为几个部分：

第一部分：我是谁。比如我是某某品牌创始人，或我在某公司、组织担任什么职务等。这个部分的作用是让大家看到之后马上就知道你是谁。

第二部分：我是做什么的。这个部分主要讲个人经历或者企业实力，最好以数据的形式呈现，让别人看到之后就觉得你的实力不错。

第三部分：我能够提供什么价值和合作资源。这一部分主要是抛出可能合作的点，让接收到你的自我介绍的人看到有哪些可以合作的机会。

只要把这几件事情表达清楚，你的自我介绍就在80分以上。

2. 更新到人脉管理档案

初次见面之后，除了发送你的自我介绍外，也要尽可能把对方的信息了解清楚，当日就要把对方的人脉档案建立起来，包括用户的基础信息、需求、资源等。最关键的是，要备注一下联系频次，也就是下一次你准备什么时候再联系对方。

3. 线上互动拉近距离

如果实在不方便再次见面，或者距离下次见面的时间还比较远，再或者你们并不在同一个城市，那么更有效的互动形式就是线上互动。如果对方是从事餐饮行业的，那么平时看到比较不错的餐饮营销案例就可以顺手转发给对方。平时刷朋友圈的时候也要重点关注一下，多点赞和发表用心的评论。如果你还有认识的人可能会对这个朋友有帮助，在征求过对方的意见后，也可以引荐他们互相认识。总之，不要断了联系。

4. 再次见面增加信任

人脉关系的建立就像谈恋爱，如果你要在大学里面追求一个女孩，你可以找她借一本书，借书期间你是不是可以与她分享阅读的心得？借了书是不是还要还回去？还了书是不是还要请对方吃顿饭表示感谢？你看，借一本书就创造了不少于 3 次的互动机会。一个朋友从陌生到熟悉也是一样的，要有不断的互动机会才行，那么如何才能够创造出更多的互动或者见面机会呢？

（1）**借口咨询**。找到一个与对方业务相关的话题或问题，向他请教。例如，"上次聚餐时听你提到某个领域，我对此非常感兴趣，不知你能否在方便时分享一些见解？"

（2）**利用共同兴趣**。如果你们有共同的兴趣或爱好，可以提议一起参与相关活动。例如，"我记得你说过喜欢打网球，我周末经常和朋友去，不知道你是否有兴趣一起？"

（3）**参与相同活动**。了解对方经常参加的活动或聚会，并尝试也参与其中。例如，"我听说你经常参加 ×× 协会的活动，我也对这个协会感兴趣，下次活动能否与你同行？"

（4）**业务合作提议**。如果你有与对方业务相关的资源或想法，可以提议合作。例如，"我最近在策划一个项目，觉得与你的公司业务很匹配，不知是否有机会详细讨论一下合作的可能？"

（5）**介绍新朋友或资源**。如果你认识对方可能感兴趣的人或资源，可以提议介绍他们认识。例如，"我最近认识了一个在 ×× 领域非常有名的人，我觉得你可能会对他感兴趣，不知是否方便安排一次见面？"

（6）**直接邀请**。有时候直接邀请是最简单有效的方法。例如，"上次聚餐很愉快，我觉得我们还有很多话题没聊完，不知你这周或下周是否有时间再聚一次？"

通过以上方式，完全可以把陌生人变成你的人脉或者朋友。那么如何才能找到更多的高价值好友呢？有句话叫作"近悦远来"，也就是你只要对你现有的朋友足够好，他们就会主动给你推荐更多的朋友。我每天都会收到微信好友申请，在主动加我微信的人中大部分都是被其他好友推荐来的。当然，这是我积累了好几年的结果。如果你现在还处在人脉网络搭建的早期，可以尝试多加入一些圈子，比如各种商会、协会、老乡会、创业会等，通过圈子链接到更多的人。

利用社交圈拓展人脉资源

圈子是潜在精准客户聚集最多的地方，无论你做什么类型的创业项目，都可以通过圈子来链接更多的人。但大部分人加入一个圈子之后，就变成了这个圈子中的沉默者。无论你是加入同城的圈子，还是加入线上的知识付费课程圈子，核心前提是你要有自己的产品，也就是要带着网兜去，不然你只会成为别人的产品销售对象。

1. 进圈子

我一般把圈子分为两大类，一类是商业上的，一类是兴趣上的。比如加入的××协会就属于前者，加入的××学习会就属于后者。

先来看商业上的圈子，这类圈子大多数是同城的商会，那么如何能够找到并且加入高质量的商会呢？最有效的形式是找到朋友推荐，比如你要加入 ×× 老乡会，那就可以通过自己现在的朋友圈询问一下有没有已经在这个老乡会的，请他给你推荐一下。如果你认识了某个协会的会长或者秘书长，那么他或许可以帮助你推荐更多可以加入的商会。

如果你在商会没有认识的朋友也没关系，你可以通过微信公众号搜索：城市名字 + 商会或者协会，比如：淄博协会，你就会在公众号的列表里面发现大部分同城协会，你要做的就是点开公众号的文章找到联系方式，和对方取得联系就好。大部分商会、协会都是比较开放的。

大部分人知道进圈子，但是不知道如何用圈子，只是当作参加各种活动的地方，那么你加入一个圈子之后应该怎么做呢？如果你的产品可以让企业团购，可以通过这类圈子推销你家的产品；如果你的产品需要高净值客户，那么也可以通过圈子来转化这类中小企业老板；如果你的产品需要寻找加盟合作伙伴，也可以通过圈子来转化。

2. 多互动

现在基本上任何一个圈子都会有自己的微信群，我建议大家成为一个"群红"，也就是让群里面的人能够记住你。我虽然加了十几个群，但是每一个群只要有事情，我都能够第一时间在群内互动回复。

如果你是一个饭店的老板，现在加入了某个圈子，如何在群内成为群红呢？

（1）**积极参与讨论**。每日定时查看群内消息，确保不错过任何讨论。针对群内话题，提供与行业相关的见解和经验，分享行业内的最新动态和趋势，引发更多讨论。

比如群内有人提问："最近想尝试新的餐饮模式，大家有什么建议吗？"你可以回复："最近'外卖到家'模式很火，我们饭店也在这方面做了一些尝试，效果还不错。如果有兴趣，我可以分享一些具体的操作经验和数据。"

（2）**群主发言多互动**。一定要和群主保持互动，在一个群里面，如果群主分享了一个信息，这个群内半天都没有人跟他互动，他会是什么心情？如果你和群主之间互动得好，群主自然也就能帮你发一些产品信息。这儿说的互动并不需要特别刻意，也不用太复杂，比如群主在群内分享了一次聚会的照片，那你只需要发一个点赞就可以。如果群主分享了一条关于餐饮卫生标准的最新政策，你可以回复："谢谢群主的及时分享，这对我们饭店来说非常重要。请问有没有具体的执行细则或者培训资源推荐？"

（3）**多与群内积极的群友互动**。一个活跃的群中一定有那么几个人整天没啥事就在群内聊天，当一些活跃群友在群里发言的时候也可以跟着点个赞或者聊上几句。时间长了，你就能够看出谁在这个群里是比较活跃的，并主动与活跃群友建立联系，比如加上他们的微信交个朋友、对他们的分享和提问给予积极回应等，也可以私下交流，探讨合作或共同学习的可能性。比如群内有一名活跃的群友分享了自己的餐饮创业经历，你可以回复："非常佩服你的勇气和智慧！如果有机会，希望能线下交流一下，共同探讨餐饮行业的发展。"

（4）**多在群内提供有价值的信息。**如果你做餐饮比较专业，那就围绕自己专业的事情不定期分享餐饮行业的干货文章、市场分析报告等。或者分享自己饭店的成功案例和操作经验，提供一些实用的工具和资源链接。

比如你可以在群里分享："最近我们饭店推出了一款新菜品，市场反响非常好。这里有一份详细的菜品研发和推广报告，感兴趣的朋友可以私信我获取。"

大家都喜欢和专业的人交朋友，不要担心自己的专业性，你做的行业绝大多数人都是不了解的。

（5）**帮助他人解决问题。**关注群成员的提问和需求，及时给予解答和帮助，如果遇到超出自己能力范围的问题，可以引导其他群友或专业人士进行解答。

比如群里有人提问："最近生意不好，想请教大家有没有什么好的营销策略？"你可以回复："营销策略确实很重要。我之前尝试过一些有效的方法，比如社交媒体推广、优惠活动、口碑营销等。如果你感兴趣，我可以为你详细介绍一下具体的操作步骤和注意事项。"再如有人在群内想找某个行业的专家，你正好认识，就可以在群内说"我帮你对接一下"。

通过以上几个动作，再加上勤发言，相信你在任何群内都能够成为一个"群红"，让大家记住你，并且在有业务需求的时候能够第一时间想到找你合作。

我创建的群内有一个会员是做广告业务的，他就是经常有事没事在群内发个言、聊个天，还给每一个群友赠送了一盒名片，协会有什么活动他也积极参加，时间久了大家都知道他是做什么的，有广告相关的业务也都会找到他。

3. 勤见面

如果能够线下见面，就要经常聚一聚。如果你加入的是线上学习的圈子，也可以不定期地通过语音约不同的人聊聊最近的动态。

你加入某个商会、协会之后，一年参加几次活动？我认识一些朋友，加入协会之后要么基本上一次活动也没有参加过，要么参加了几次之后感觉没有价值就不再参加了。我的理解是，当你在这个协会参加活动的时候，不能只考虑自己可以得到什么价值，而是要考虑在不同的活动中你能够给大家提供什么价值。如果你因为感觉没有价值而不再参加相关活动，只能说你的目的性太强。换个思路想，这一次参加活动的人中没有你的客户，但有可能他们认识的朋友是你的潜在客户。

除了参加协会官方组织的各类活动外，当你加入某个协会时间久了之后，就会认识一些共同的朋友，这样你们就可以约一些小圈子的聚会，在小圈子里面更容易建立信任，相互支持。

4.订计划

我给我的代理商订的计划是每年加入不少于6个圈子，主动添加不少于600个客户，拜访不少于200个客户。如果你希望通过圈子扩展更多的人脉关系，同时又能够把产品卖出去，那么就要给自己定一个目标，不然再好用的方法你都不会去执行，而执行才是第一生产力。我有一个济南的代理，在100天内加入了3个协会，每天都在群内互动，有线下活动就积极报名参加，加了不少于200个客户的微信，线下见面和单独拜访的客户数量也超过了100人，一场中秋节活动就卖了超过50万元的产品。同样的方法我分享给了很多人，但是能真正去执行并做到位的很少。

发掘人际关系网络中的关键节点

贵人是指对自己有很大帮助的人。这种帮助可能是物质上的，如金钱、资源的支持；也可能是精神上的，如提供建议、指导或鼓励。在人生的各个阶段，都可能会遇到这样的贵人，他们的出现往往能够改变一个人的命运轨迹，推动其向更好的方向发展。我相信每个人的成长过程中都有不止一个贵人。贵人是可求的吗？有什么方法可以找到更多的贵人相助呢？在这里给大家分享我的几个心得。

1. 破圈

人们往往习惯于在自己的舒适圈内与相似的人交往，久而久之，思想和眼界都容易变得狭隘，形成了一种无形的桎梏，限制了我们的成长和发展。为了寻找更多的贵人，我们需要勇敢地走出这个圈子，去接触和认识那些与我们不同但有可能带来新机遇、新思想的人。这种跨越和融合不仅能够拓宽我们的人脉圈，还能够激发我们的创新思维和进取心。

只局限于自己的老圈子里是不会见到新的贵人的，确切地说是降低了你遇到贵人的概率。虽然有可能你大学同学的圈子中有一个同学对你的帮助特别大，他也是你的贵人，但这种在老圈子里面遇到贵人的概率相对较小。

（1）**破社交圈**。学会向上社交，多加入比你更有能量的圈层。在条件允许的情况下多加入不同的商会、协会或者学习的圈子，你会遇到更多优秀的人，你所认识的人就决定了你的眼界和思想。

（2）**破位置圈**。我经常建议刚毕业的大学生要到大城市里面闯荡一下。地域的限制往往会让我们的思维和视野变得局限，而走出去、到大城市去闯荡一下，则可以让我们接触到更多先进的思想和理念，拓展我们的认知边界。在这个过程中，我们不仅可以学习到更多的知识和技能，而且能锻炼自己的意志和勇气，为迎接未来的挑战做好充分准备。

2. 付费学习

向有能力的人付费学习是更大概率遇到贵人的方法。如果你通过观察、了解，认为这个人在某个方面比你的能力要强，那你就直接向对方付费学习。这里面有一个注意事项,你是付费找对方学习的,而不是付费之后教育对方的。很多老板改不了自己的既有思维,做什么都想用自己的想法。要时刻提醒自己,如果自己的观点是正确的,那我为什么做得没有对方专业?因此要虚心学习。

我每年在外面学习的费用大概十万元,遇到好的老师就一直跟着学习,当我遇到经营上的问题时,他们也会给我很多帮助。当然,付费只是能够让你和这个老师有更进一步的学习,并不意味着你付了费对方就会成为你的贵人,愿意一直帮助你。在下一个小节,我会给大家分享与贵人相处的方法。

3. 服务收费

很多人不理解,你难道要向你的贵人收费?他可是来帮助你的啊。我认识一个培训老师,专门给珠宝品牌门店做培训,培训虽然看着是他主要的营收,但其实只是一个副业,为什么会这样说呢?因为通过培训,很多企业老总、投资人都会请他,如果他不做培训行业,可能都没有这些交流的机会。通过培训,建立起了更深的友谊,一来二去大家彼此更加认可,最后有些老板要和他合伙做生意。

我在做品牌的时候,一开始只是自己做,后来设计了一个代理体系,没想到很多行业的大咖都成了我们的代理。很多代理也都是我的老师，遇到经营、管理、营销以及一些专业知识的时候我也会请教他们。成为我的代理我会收费，收费的过程就已经筛选出来认可你的人了，更容易相互成就。

4. 花时间

当你遇到一个前辈，他们有能力、有资源、有经验，能够给你带来更多的帮助和指导，你就要多为前辈办事，有事没事跑跑腿，有活没活多走动。对很多刚进入职场或者想要创业的人，我都会给他们一个建议，就是跟对前辈。如果你要跟随前辈，就要深信，不要一上来相信后来又不相信了。这些商业前辈往往有比较成熟的思考模式、项目管理经验以及团队，你要做的就是跟随，有什么事情多帮忙。

与关键人物建立良好的人际关系

对于帮助过我们的人，应该如何做才能维护好长期关系？我觉得应该通过以下几点来维系与关键人物的长久关系。

1. 心怀感恩

我认识一个做工厂的老板，现在他的工厂产值已经过亿，但20年前他还在济南作保安。他说他现在最感恩的就是他当保安时的领导，是这位领导鼓励他多去学习，教给他很多做人做事的道理，现在逢年过节也都会去领导家里看望，现在，他之前领导的孩子也在他的工厂里上班。

心怀感恩是对他人付出的尊重。无论是时间、精力还是资源，别人为你提供帮助意味着他们付出了某种形式的成本。感恩是对这种付出的认可和尊重，表明你珍视他们的努力和善意。

同时表达感激之情能够加深你与帮助者之间的关系。感恩是一种积极的情感反馈，能够激发更多的善意和合作，从而巩固和增进彼此的关系。感恩能够让你更加积极地看待自己和周围的世界。当你意识到生活中有许多值得感激的人和事时，你会更容易保持乐观和满足，这有利于你的心理健康和个人成长。

2. 提升自我价值

一个人取得的成绩不只是贵人相助的结果，更重要的是自己的努力。只有不断提升自我的价值、不断成长，才对得起关键人物的帮助。

3. 可靠并可信

成为可靠、可信的人。"靠谱"是对一个人最高的评价。

（1）**保守秘密**。如果有人在微信上给你一个赞赏，你忍不住截图发了朋友圈，这个应不应该？如果你要在朋友圈发别人跟你聊天的对话截图，那一定要有一个原则，就是要给对方打上马赛克，必要的时候聊天的内容也适当打上马赛克，因为那是属于你们两个人之间的隐私。更重要的是，无论你打不打马赛克，都要征求对方的意见，问一下是否能发到朋友圈；如果你贸然把你们两个人的聊天对话截图发到了朋友圈，可能你在不经意间就丢掉了一个靠谱的朋友。因为你这样做会让人很没有安全感，没有人愿意自己私下的聊天内容未经自己许可就被公开展示。

不只是微信聊天的对话，和贵人私下聊天的其他话题也要尽可能保密，因为你不清楚他给你讲的内容是不是他的核心机密。

（2）**背后不点评别人。**靠谱且可信的另一个基础原则就是不要在背后评价一个人。你可以在背后夸人，但不要在背后贬低一个人。有一句话是这么说的：如果有个人向你抱怨、贬低他的朋友，那么他也会在背地里贬低你。

（3）**事事有着落。**他人交代的事情，哪怕办不到也要提前打招呼，方便他做其他的准备。如果你答应的很好，但是又没有执行能力，最后还拖着不给对方一个反馈，就很耽误对方的时间。能干就是能干，干不了就是干不了。让好友都知道找你办事靠得住，那你的口碑在圈子里面就建立起来了。

4. 勤互动

你最早的一个贵人，你现在还联系着吗？当我们得到了对方的帮助，一定要做的就是和对方保持互动，让对方知道你在做的事情，你最近的状态、近期的成长、取得了哪些成绩。一方面通过汇报可以让对方感知到你对他的尊重，另一方面对方通过汇报了解了你在做什么，可能还能够帮助到你。

　　通过以上 4 个动作，可以让你和你的关键人物建立起更深度的联系。现在，开始回顾一下你的贵人都是谁，你已经有多久没给对方发信息汇报你最近的状态了？相信我，只要你有行动，就一定能够得到积极、正向的反馈。

成为人脉中转站

人脉网络的价值实现分为三个阶段。

第一阶段是创造自己的价值，也就是你能够给你周围的人提供哪些价值。比如你在装修行业深耕 20 年，有任何装修的问题都可以找你；比如你从事保险行业 10 年，有任何保险的问题都可以找你。

第二阶段是传递自己的价值。无论你是通过圈子还是通过其他渠道引流、链接客户，都要把自己的核心价值传递出去。

第三阶段是传递别人的价值。这是最重要也是最难的环节，你需要记住谁能够提供什么价值，同时谁又对他提供的价值有需求，最关键的是你要能识别出来这个人靠不靠谱。我一般很少给别人推荐朋友或者资源，除非是我认为这个人是一个靠谱的人，因为如果他们通过我的推荐实现了合作，那么这里面会有一部分我的原因；但如果没有合作好，也会牵扯到我。我也建议大家不要把自己的人脉关系贸然推荐给不熟悉的人，否则可能会对你的人脉网络造成负面的影响。

1. 传递价值

加入多个商会、协会、老乡会，能够链接到不同圈层的人，久而久之，就能够知道大家都是做什么的，做得怎么样。比如一个朋友要做品牌设计，我就能立刻给他推荐我们另一个协会的会员单位。当我不断把价值做相互链接、向外传递的时候，大家对我的认识与了解也会更加深入。无论你做什么业务，都需要关注自己的人脉价值点，通过传递价值带来更多个人品牌价值。

2. 自建圈子

无论你在哪一个圈子，都会有一些玩得比较好的人，你自己也可以建一个小圈子大家相互赋能。我认识一个朋友，他建了一个群叫作××的朋友圈，里面都是他比较熟悉的人，大家有什么事就会在群内互动，还经常搞聚会。

自建圈子的目的是把你自己的链接能力做大，大家在你这个圈子里面受益之后，自然也会对你心怀感激之情。有一些品牌完全可以把自己的客户聚集起来，建成客户圈。比如一个卖红木家具的品牌，我就推荐他们做一个自己的客户圈，每年可以组织几次企业参访、游学、授课，在大家之间做一个链接，他们红木家具的销量自然也能够增长。

品牌的会员客户群其实也是一个圈子，比如餐饮门店把充值的会员单独邀请到一个群内，这些人对这个品牌的认可度就会很高，商家在这个群内发起新品试吃、老客户答谢等活动也是在做圈子的链接。建圈其实就是把自己能够触达的人拉在一起，有机会一起合作，这实际上没有那么复杂。

3. 赋能平台

很多人都在讲"赋能"这个词，只有真正让一个圈子或者一个平台的人获益，才是真正的赋能。

如果你自己建了一个圈子，可以让大家把自己的资源和需求填写到一个文档里面，你有时间就看一下，根据大家的需求来组织活动。比如资源对接会、项目路演会、创业分享沙龙、读书会，大家聚在一起的核心主题有两个，一个是创业(赚钱)，另一个就是成长(学习)，如果主题偏了，你的圈子非但不能成为一个平台，可能最后口碑也会受到损害。

持续拓展与维护人际网络

人脉不只是人情世故，链接人脉的能力我称为"人脉力"，这也是创业者必备的能力。人脉力指的是一个人建立人际关系网络的能力，也就是利用非正式关系提升自己的社会资本，以获取更多资源、创造更多机会和运气等。这种能力不仅包括社交技巧、沟通能力，还包括如何与他人建立深层次的关系，并在需要时有效地利用这些关系等方面。

人脉力是每个人都可以培养和提升的。通过盘点自己的人脉资源，了解并加深与他人的联系，我们可以逐步扩大自己的人脉圈。同时，人脉力也是一种可以创造更多可能性的力量，它可以帮助我们接触到不同的信息和资源，提供更多的机会和选择。

1. 树立正确的认知

人脉是一种无形的资产，它的价值往往难以估量。拥有良好的人脉关系可以为我们带来无限的机会和资源，帮助我们在职业发展和生活中取得更大的成功。因此，我们要珍惜每一个与人建立联系的机会，努力拓展自己的人脉圈。

首先，真诚和信任是建立人脉关系的基石，我们要以真诚的态度去对待每一个人。同时，我们也要信任别人，给予他们充分的信任和支持。只有在真诚和信任的基础上，我们才能建立起稳固而持久的人脉关系。

其次，在人脉关系中不能单方面索取，而是要进行双向交流、互助。我们不能只想着从别人那里得到什么，也要思考自己能为别人提供什么价值。建立人脉关系需要双方的共同努力和投入。

最后，人脉关系不是一蹴而就的，需要长期经营和维护。我们要定期与朋友、同事、合作伙伴等保持联系，关心他们的近况，分享彼此的经验和资源。通过不断地交流和互动，可以加深彼此之间的了解和信任，从而巩固和拓展人脉关系。

人脉关系的多样化可以为我们带来更多的机会和资源。我们要尽力与不同领域、不同背景、不同职业的人建立联系，拓展自己的人脉圈。通过与不同人的交流和互动，可以开阔视野、增长见识，为自己的职业发展和生活创造更多的可能性。

2. 积少成多认真维护

不要等待机会降临，而要主动出击，与潜在的人脉对象建立联系。可以通过社交活动、行业会议、网络平台等途径，结识新朋友，拓展人脉圈。建立联系后，要持续关注和互动，保持与他们的联系。

首先，可以通过定期问候、分享有价值的信息、邀请参加活动等方式，增进彼此的了解和信任。其次，当你有机会帮助他人时，要毫不犹豫地伸出援手，你的真诚和善意会让他人感受到你的价值，从而愿意与你建立更深入的联系。最后，在与他人交流时，要善于倾听他人的需求和想法，并表达自己的观点和见解，良好的沟通技巧可以让你更好地与他人建立联系，提升人脉力。此外，要定期回顾和更新自己的人脉名单，确保与重要的人脉对象保持联系。同时，也要不断学习和提升自己的能力，以便在人脉网络中发挥更大的价值。

3. 持续贡献价值

持续贡献价值可以体现在多个方面，比如你可以通过分享自己的知识和经验来帮助他人解决问题或提升能力。无论是在专业领域还是在生活中，只要你拥有某方面的专长或经验，都可以成为他人求助或学习的对象。此外，你还可以为他人提供物质或资源上的支持。比如，当他人需要某种资源或帮助时，你可以主动提供帮助或介绍其他可靠的资源。这种实质性的支持往往能够让他人感受到你的诚意和价值，从而加深与你的联系。

持续贡献价值也意味着你要成为一个积极主动的人。在人脉关系中，不要等待他人来找你，而是要主动去寻找机会与他人建立联系并提供帮助。你可以参加各种社交活动、加入相关的社群或组织，或者主动与行业内的专家或领袖进行交流。

4. 终身的朋友

人脉链接的终点并不是建立业务关系或者实现某种短期目标，而是建立起终身的朋友关系。这种深层次的人脉关系不仅能够在职业生涯中为你提供帮助和支持，还能够给你带来持久的幸福感和满足感。终身的朋友是那些在你经历人生的起起落落时始终陪伴在你身边的人。他们了解你的过去，欣赏你的现在，并期待你的未来。他们与你分享喜怒哀乐，为你提供情感上的支持，同时也从你这里获得同样的支持。

在人脉链接的过程中，我们应该努力寻找那些与我们价值观相近、兴趣相投的人。通过真诚的交流和共同的经历，我们可以逐渐建立起深厚的友谊。这种友谊不受时间、空间和职业变化的影响，能够持续一生。

为了建立终身的朋友关系，我们需要付出时间、精力和真诚。愿意倾听他人的故事，理解他们的需求和感受。在他人需要帮助的时候伸出援手，同时也要坦诚地接受他人的帮助。我们要珍惜每一次的相聚时光，共同创造美好的回忆。

总之，人脉力是每个创业者都需要具备的能力。一个高质量的人脉网络需要长时间用心地维护，希望每一个阅读这本书的人都能够行动起来，现在就开始盘点你的人脉网络，并制订相应的人脉维护计划吧。

CHAPTER 5
真诚表达

认识我的朋友都知道我有一个特点，就是凡是我做不到的事情我会直接拒绝，哪怕做这件事情能够获得很大的利益。因为我知道我的能力在哪儿，什么事情可以做到、什么事情做不到，都要真诚地告诉合作伙伴，哪怕合作不了，也还有友谊，以后再有机会合作还会找你。

　　对于女性个体创业者来说，真诚的表达至关重要，它不仅是商业成功的关键，更是勇敢和智慧的体现。

　　受到传统思想的影响，很多人在日常表达中很容易害羞，表达方式较委婉，比如对于员工的优点不愿意直接表达，对家人的帮助也不好意思直接说。真诚表达就是把你自己的真实情感告诉对方，相信你一定可以得到好的反馈。

夸赞与感谢的力量

你平时喜欢夸奖别人吗？我的很多朋友都说特别喜欢和我聊天，因为我总是能够找到他们身上的闪光点，让他们看到自己原来那么优秀。每个人都希望自己被看到，你要做的是发现对方的优点，然后真诚地表达出来。

1. 赞美是最好的黏合剂

大家喜欢被赞美的原因有很多，这些原因与我们的心理和社会需求有关。当得到他人的赞美时，我们的自尊心得到了提升，我们感到自己是有价值的、被重视的。这种自我肯定的感觉能够让我们更加自信和满足。同时，赞美也可以让我们感到自己在他人眼中是优秀的、有吸引力的。

当我们赞美他人时，便传递了一种友善和尊重的信息，这有助于拉近我们与他人之间的距离。被赞美的人也会因此感到与我们更加亲近，从而建立起更加紧密的关系。

通过赞美对方，可以增强我们和他人的亲近感，消除陌生感和隔阂，使人际关系变得更加亲近和融洽。

2. 放大对方的优点

在培养员工的过程中，我会仔细观察他身上的特质和优点，并把它放大。当我发现员工在某一个方面做得比较优越的时候，我就会私信告诉他并表扬他，鼓励他把身上的优点发挥到极致。比如我们公司的赵经理，当初在面试的时候，我只有一个要求，就是会用电脑并且熟悉各种电脑软件；在后面的工作中，我让他去不同的岗位历练，发现他文案写得好，后面我就多次在开会时称他为"才子"。在一次活动中，他写的主持词与整个活动的策划文案都特别好，活动结束之后，我当面奖励了他100元现金。虽然钱不多，但是他特别高兴，感觉到被尊重、被看到。

很多人都不知道如何发现一个人的优点，更谈不上如何去放大对方的优点。那么如何发现对方的优点并赞美呢？

（1）**细心倾听**。细心倾听是发现他人优点并给予真诚赞美的关键步骤。这种方法要求我们在与他人交流时，全神贯注地聆听对方所说的话，并留意其中的细节。

在与对方交谈时，要保持眼神接触，展现出你对他们的关注和尊重。不要打断对方，要给予其足够的时间来表达自己的想法和感受。同时，要注意听取对方言语中的积极内容，包括他们取得的成就、擅长的技能、独特的经历或是对某个话题的看法等。当你听到这些内容时，可以在心中默默记下，作为后续赞美的素材。

还要留意对方的非言语表达，比如他们的语气、表情和肢体语言。这些都可以为你提供关于对方情感和态度的线索，帮助你更准确地把握他们的优点。

假设你与一位同事交谈，他提到最近在工作中遇到了一个挑战，但通过自己的努力和团队的支持成功克服了这个挑战。在倾听时，你可以注意到他言语中透露出的自豪感和团队精神。于是，你可以这样赞美他："我真的很佩服你面对挑战时的勇气和毅力，而且还能如此珍视团队的支持和合作。你的这种态度真的值得我学习。"这样的赞美不仅具体而且真诚，能够让对方感受到你的认可和尊重。

（2）观察行为。观察行为这一方法侧重于注意他人在日常生活或工作中的实际表现和行为模式。

首先，你需要有意识地观察对方在不同情境下的反应和行为。包括在工作场合中的任务执行、团队合作、决策能力等，也可以是日常生活中的责任心、善解人意、乐于助人等品质。

其次，要注意对方的行为是否具有一定的持续性和稳定性。

一次性的行为可能是偶然的，但如果某种行为在多个场合下重复出现，那就很可能是对方的优点之一。

同时，不要忽视那些看似微不足道的行为。比如，有人总是习惯性地清理公共区域的垃圾，或者在工作中总是提前完成任务而不张扬。这些小事往往能反映出一个人的大局观和责任心。

在观察到对方的优点后，要及时并具体地给予赞美。描述你观察到的具体行为，并表达你对这些行为的欣赏和认可。这样的赞美会让对方感到被重视并受到鼓舞。

如果我们发现一位同事在工作中总是能提前完成任务，并且质量很高，就可以这样赞美他："我注意到你在工作中总是能提前完成任务，并且做得非常出色。你的高效和认真让我很佩服。谢谢你为团队作出的贡献！"这样的赞美既具体又真诚，能够让对方感受到你的认可和尊重。

（3）询问他人。询问他人是一种获取对方优点信息的有效途径，尤其在你与对方不太熟悉或希望获取更客观评价时特别有用。以下是详细步骤：

步骤一：选择合适的信息源。确定你可以信任并认为会提供有价值信息的人。这些人可能是对方的朋友、同事、家人或长期合作伙伴。确保他们与你询问的对象接触较多，以便能够提供准确和深入的见解。

步骤二：恰当地提出问题。在询问时，使用开放性的提问方式来获取更详细的回答。例如，你可以问："你觉得×××最大的优点是什么？"或者"在与×××合作时，你最欣赏他/她的哪些品质？"，以鼓励对方分享具体的观察和感受。

步骤三：积极倾听和记录。当他人回答你的问题时，积极倾听并记下关键点。不要打断或过早表达自己的观点，而是尽量让对方先说完。注意非言语沟通，如面部表情和肢体语言，这些也可能传达重要信息。

步骤四：验证信息。在收集到信息后，如果可能的话，通过观察对方的行为或与对方直接交流来验证这些信息的准确性。这有助于确保你基于准确的事实来赞美对方。

步骤五：保密和谨慎使用信息。确保你尊重提供信息的人的隐私和信任。不要滥用你听到的信息，只在适当的时机和场合下使用它们来赞美对方。

假设你加入了一个新的团队，想要快速了解团队其他成员并和他们建立良好的人际关系。你可以找一个看起来友好且乐于助人的团队成员，并询问他关于其他团队成员的优点。比如，"嗨，我是新来的×××，还在努力了解大家。你觉得×××

在工作中有哪些特别出色的地方？"通过这样的问题，你不仅可以了解到该团队成员的优点，还能展示出你对团队建设的积极态度。

（4）**正面解读**。正面解读是一种积极的心态和技巧，它帮助我们从他人的行为、言语或情境中寻找和发现积极的方面，即使这些行为、言语或情境看起来可能并不那么明显或突出。通过正面解读，我们可以更全面地认识他人，发现其潜在的优点，并给予真诚的赞美。

步骤一：调整心态。我们需要调整自己的心态，以更加积极、开放和包容的态度去看待他人。要相信每个人都有其独特的价值和优点，即使他们可能在某些方面表现得并不完美。这种积极的心态将为我们发现他人的优点创造有利条件。

步骤二：寻找积极线索。在与他人交往的过程中，我们要时刻保持警觉，注意寻找和捕捉那些能够体现对方积极品质、才能或努力的线索。这些线索可能隐藏在对方的言语、行为、态度或情绪之中。例如，对方可能在一次困难的挑战中展现了坚韧不拔的精神，或者在团队合作中表现出了卓越的领导才能。

步骤三：解读并确认优点。当我们发现了一些积极的线索后，下一步就是对这些线索进行解读和确认。我们要思考这些线索是否真正反映了对方的某种优点，以及这种优点是否值得我们给予赞美。在这个过程中，我们需要保持客观和公正，避免因为个人偏见或主观感受而做出错误的判断。

步骤四：给予真诚的赞美。一旦我们确认了对方的优点，接下来就要给予真诚的赞美。我们要用恰当的语言和方式来表达自己对对方优点的欣赏和认可。赞美时要真诚、具体，并尽量在合适的时机和场合进行，以确保赞美的效果最大化。

我公司有一个员工，他最近在工作中遇到了一些挫折，情绪有些低落。我注意到他并没有放弃，而是一直在努力寻找解决问题的方法。这时，我可以运用正面解读的方法，从他的行为中寻找积极的线索，并认可他的坚韧和毅力这一优点。然后，可以找到合适的时机，对他表示真诚的赞美："我很欣赏你在面对困难时的坚韧和毅力，你的这种精神值得我学习。"这样的赞美不仅能够帮助他提振信心，还能够加深我们之间的友谊和信任。

（5）**具体化赞美**。具体化赞美是一种非常有效的技巧，它要求我们在赞美他人时，不要停留在表面的、笼统的称赞上，而是要具体指出我们欣赏或认可的细节和特点。这样的赞美更加真诚、有说服力，也更容易让对方感受到我们的认可和尊重。

步骤一：明确具体的观察或体验。我们需要明确自己欣赏对方的哪些具体行为、表现或特质。这可以是我们直接观察到的，比如对方在工作中的高效、细致，或者是在人际交往中的热情、体贴。也可以是我们从对方的作品、言论或态度中感受到的，比如对方的创意、智慧或勇气。

步骤二：用具体的语言描述。我们要用具体的语言来描述这些观察或体验。比如，我们可以说："我很欣赏你在上次团队会议中提出的那个创意，它真的很有新意，给我们带来了新的思考方向。"而不是简单地说："你很有创意。"具体的描述能够让对方更加清楚地知道我们赞美的焦点，也更容易引发对方的共鸣。

步骤三：注重赞美的时机和场合。我们还需要注重赞美的时机和场合。在适当的时机和场合给予对方具体的赞美，往往能够收到更好的效果。比如，在对方刚刚完成一项困难任务时，我们可以及时给予赞美和鼓励；在团队聚会上，我们可以公开表扬那些为团队作出突出贡献的成员。

步骤四：保持真诚和自然的态度。我们在给予具体化的赞美时，要保持真诚和自然的态度。赞美应该是发自内心的，而不是为了迎合或讨好对方。同时，我们也要避免过度赞美或夸大其词，以免让对方感到不自在或尴尬。

假设你的朋友最近开始尝试烹饪，并且经常分享自己制作的美食照片。你可以这样给予他具体化的赞美："我真的很喜欢你做的那道意大利面，看起来色香味俱全，尤其是那个自制的番茄酱，颜色鲜艳，让人食欲大增。你的烹饪技巧进步很快！"这样的赞美不仅具体指出了你欣赏的菜品和细节，还表达了你对朋友烹饪技巧进步的认可和鼓励。这样的赞美无疑会让朋友感到非常开心。

3. 多维度细节赞美

可以从一个人的穿着、体态、妆容、发型等多个维度去观察。从多个维度和细节去赞美一个人，我们可以按照从外到内、从整体到局部的顺序去描述。

(1) 穿着。

整体风格："你今天的穿着真的很有品位，这套衣服完美地展现了你的气质。无论是颜色的搭配还是款式的选择，都显得特别协调和有格调。"

具体单品："我特别喜欢你身上的这件外套 / 裙子 / 衬衫，它的设计很独特，而且非常适合你。你穿上它真的很好看！"

配饰点缀："你今天的配饰选择也很出色，那条项链 / 手链 / 耳环与你的衣服搭配得恰到好处，增添了几分亮色。"

(2) 发型。

发型与脸型："你的发型真的很适合你的脸型，无论是卷发、直发还是短发，都能凸显出你的美丽和气质。"

发色选择："你的发色选择也非常棒，这个颜色既时尚又显肤色，让你看起来更加精神和有活力。"

发型细节："我还注意到你的发丝很有光泽，看起来非常健康。而且你的发型打理得也很精致，每一个细节都处理得恰到好处。"

(3) 妆容。

口红色号："你今天的口红颜色真好看，与你的肤色和衣服都非常相配。这个色号真的很适合你，让你看起来更加迷人和有气质。"

眼妆："你的眼妆也很出彩，眼影的晕染和眼线的描绘都非常精致。你的眼睛看起来更加有神采和有魅力。"

底妆效果："你的底妆打得也很好，肤色看起来非常均匀和自然。整个妆容都非常服帖和持久，真的很专业。"

（4）姿态与气质。

站姿 / 坐姿："你的站姿 / 坐姿很优雅，无论是静态还是动态，都能展现出你的良好教养和自信气质。"

走路姿态："你走路的姿态也很美，步伐稳健而优雅，透露出一种从容和自信。"

整体气质："最重要的是，你的整体气质非常吸引人。无论是穿着、发型还是妆容，都与你的内在气质相得益彰。你真的是一个很有魅力的人。"

4. 对所有帮助过你的人表示感谢

在前文中给大家分享了对自己的贵人要表达感谢，其实感谢是一个最低成本建立深度关系的动作。表达感谢的对象一般可分为以下四种：

（1）**对自己的家人表示感谢**。回想创业这一路走来，离不开家人的支持，很多时候忙起来都没有时间照顾孩子，忙的时候，我的公公婆婆都会帮着我一起去仓库打包货品。所以我对自己的家人都特别感激，这种感激之情也会通过语言、文字的形式表达出来，比如我经常在家庭微信群里直接表达对公公婆婆的感激之情，会给老公写信表达感激之情，这些对我和家人的关系起到了很好的促进作用。

（2）对自己的员工表示感谢。员工是我事业的核心推进团队，没有员工，我的任何想法都无法实现。员工是你事业的伙伴，不要把员工当作一个打工者，你要给员工一些成长的机会，让他放手去做。大家的成长都是相互的，领导的成长速度决定了团队的整体认知和能力。

在中秋节、春节的时候公司会很忙，员工都是加班加点地干活，接单、发货事情特别多，很多时候一忙起来都没有时间吃饭。在忙的时候我都会提前在饭店定好一大桌子菜，请大家去大吃一顿，然后再继续投入战斗，这也是表达感谢的一种方式。

（3）对自己的合作伙伴表示感谢。我给我的每一个代理商都写过信，过节的时候也都会对他们表示感谢。大家之所以选择这个平台，就是因为信任我本人。尤其是从我一开始做微商到后来做团购再到做礼品供应链都一直陪伴我的伙伴们，就是因为他们的支持，才有了我的今天。无论你是做什么行业的创业，都要与你的合作伙伴建立起更深度的同盟关系，有钱大家一起赚。

（4）对日常生活中遇到的人表示感谢。日常表示感谢，是在向这个世界传递正能量，你可以现在就开始尝试这样做，我相信过不了多久你的个人能量就会得到提升。

用有吸引力的内容展示个人品牌与价值

　　每个人的微信都是一个金矿，而这个金矿的入口就是你的朋友圈。

　　我接触过很多中小微企业老板，他们的朋友圈有两个极端，一种是基本上一个月发不到两条朋友圈，这类老板认为朋友圈是自己的私人生活圈子，没什么好发的，基本上属于停更状态；另一种是每天发十几条朋友圈，这类老板就是要通过刷屏来推销自己的产品，但是基本上每条都没有客户互动，因为客户屏蔽了他，根本看不到他的朋友圈。

　　如何通过朋友圈挖掘自己微信好友的价值，产生更高的变现和品牌效应？接下来我们详细讲解。

1. 朋友圈内容的价值

朋友圈是你的第二张名片，无论是客户还是亲朋好友，都会在微信上进行维护，而朋友圈就是他们和你互动的主要窗口。朋友圈内容都有哪些价值呢？

(1)"认识"你。这是朋友圈互动最基础的层面。通过发布内容，你向朋友们展示自己的生活、兴趣、工作等信息，让他们对你有一个基本的了解。例如，分享日常生活照片、旅行经历、工作状态等，都能让朋友们更加了解你的个人背景和当前状态。

(2)"认知"你。在朋友们对你有了基本了解之后，进一步的目标是让他们对你产生更深入的认知。这意味着你需要分享更多关于你的思考、观点、价值观等方面的内容。比如，你可以发表对某个社会现象的看法，或者分享你的人生哲学，这样朋友们就能更加深入地了解你的内心世界和思维方式。

(3)"认可"你。当朋友们对你有了深入的认知后，下一步就是争取他们的认可，可以通过展示你的专业能力、人格魅力或者积极的生活态度来实现。例如，你可以分享你在工作中的成就，或者展示你在某个领域的专业知识，让朋友们感受到你的价值和能力。同时，积极面对生活中的挑战和困难，展现出乐观向上的态度，也能赢得朋友们的认可和尊重。

(4)"认购"你。在这里可以理解为支持你的行为或产品。在前三个"认"的基础上，如果朋友们对你产生了足够的信任和好感，他们就更有可能支持你的工作或产品。例如，如果你是一名创业者或自由职业者，你可以在朋友圈分享你的产品或服务信息，由于朋友们已经对你有了深入的了解和认可，他们就更有可能成为你的客户或合作伙伴。

2. 朋友圈文案框架

很多人写朋友圈文案没有主题，文字多了显得啰唆，文字少了又不知道是在说什么。我给你分享一个万能的朋友圈文案框架，无论写任何类型的朋友圈内容，都可以参考。

（1）**标题或引言**。这是一个朋友圈文案的核心内容，使用简短、吸引人的标题或引言来引起好友的兴趣。这可以是一个问题、一个引人深思的观点或一句有趣的话。在标题前面加上"#"字符，在朋友圈上面就会显示出蓝色字体，把标题突出。

例如："# 今天又被我的客户感动了 #10 年前的我和现在 # 这个黄桃罐头我可以一天吃三盒 # 如何让礼物更有价值"标题主要是让朋友圈的好友知道你想要表达什么，简单清晰，把最关键的内容放在最前面。

（2）**主题内容**。这是朋友圈文案的第二部分，一般我会在标题与主题内容之间留一个空行。主题要明确，内容要有价值。主题内容可以是你的学习心得、生活经验、旅行见闻、行业动态等，确保你的内容能够给他人带来启发、娱乐或实用信息，具体类型和内容在下文中再给大家详细讲解。

（3）**个人见解或感受**。在分享内容的同时，加入你的个人见解或感受，这样可以让好友更好地了解你，并增加内容的独特性。感受更像是对你要表达的主题内容的细节分享。

如果你的主题内容是说某个黄桃罐头很好吃，那么在个人见解或感受板块就可以更加详细地描述细节，比如："这个黄桃罐头打开之后闻到的第一感觉就是香，不像我之前在超市里面买过的罐头打开之后有一股怪味，这个取决于黄桃的选择以及后续加工生产的环境条件，如果选的桃子里面混入了坏的或者在生产中杀菌没有做好，就很容易有异味。"你看，你不只是描述了黄桃罐头好吃，还把细节"打开闻到的味道"也进行了描述，让朋友圈的好友马上就能够有想象的画面，原来好的罐头是有这么多区别的。这个过程的内容写得越详细越好。

（4）**互动元素**。这个环节往往会加入销售成交的指令，比如，"如果你想要吃到从桃林采摘仅用24小时就变成罐头全程0添加的××黄桃罐头，现在私信我，因为第一批货只有1000箱，肯定是不够分的，先到先得！"或者你发的只是一个过程展示，也可以在内容的部分加入引导大家给你点赞或者评论的指引。比如加上这样一句话："你小时候吃到的黄桃罐头是什么记忆？你在什么时候才能吃到罐头？请在评论区留言。"朋友圈好友是希望和你建立互动关系的，但是你得给对方一个指令，让他们产生相应的行动。

（5）**分割线或美观排版**。为了使内容更加清晰易读，可以使用分割线或美观的排版来区分不同的部分。比如，在不同段落之间空行或者使用分割线，让长段的内容不至于太紧凑而不容易阅读；每一小段的文字开始要空两个字符，这样大家就跟阅读文章一样，看着更清晰。

3. 个人生活

如果你的朋友圈只是记录流水账，那就完全没有发挥朋友圈的价值。作为女性创业者，在朋友圈中主要展现自己多个维度的状态，比如有爱的妈妈、正能量的女神、有格调的独立女性等，让你的潜在客户感知到你的充实，且让他们通过你的朋友圈内容就能够感受到你是一个很强大的人，愿意与你建立联系。

如果你想打造一个有爱的妈妈形象，那么你可以经常发布一些与孩子互动的照片或视频，比如一起读书、玩游戏、做手工等。这些瞬间能够展现你与孩子的亲密关系，以及你对孩子的关爱和陪伴。同时在朋友圈中记录孩子的点滴成长，如第一次学会走路、第一次上学、取得的进步等。这些记录不仅能够展现你对孩子的关注和重视，还能够让朋友们共同见证孩子的成长。作为一位有爱的妈妈，你可以分享自己的育儿心得和经验，如何培养孩子的好习惯、如何处理孩子的情绪等。这些内容能够帮助其他妈妈解决问题，同时也能够展现你的责任感和爱心。在朋友圈中传递正能量和积极的家庭教育观念，如鼓励孩子自信、勇敢、善良等。这些内容能够展现你对孩子的期望和教育方式，同时也能够让朋友们感受到你的正能量和爱心。

怎样在朋友圈中打造正能量女神的形象呢？你可以在朋友圈中分享一些正能量的故事、名言警句或者你自己的积极经历和感悟，或者分享你如何积极应对困难、迎接挑战的故事，让朋友们感受到你的坚韧和乐观。这些内容能够激励和鼓舞你的朋友们，让他们感受到你的阳光和正能量。无论面对什么困难和挑战，都要保持乐观的心态。在朋友圈中记录你的成长和进步，这些内容能够展现你更好的精神风貌。

如果你想打造一个有格调的独立女性形象，你可以分享你对于生活的独特见解和品位，比如你喜欢的艺术、音乐、电影、书籍等；你可以晒出精心布置的家居环境，或者分享品位独特的穿搭和配饰，展现你对美好生活的追求和独特审美；在朋友圈中分享你独立处理问题的经历，或者表达你对于独立生活的看法和态度，强调自我价值和个人成长的重要性，展现坚韧、自信、独立的一面。此外，作为独立女性，事业是生活的重要组成部分，你也可以在朋友圈中分享你的工作成果、职业进展或者对于行业的独特见解，展现你的专业素养和职业能力。

总之，个人生活类的朋友圈内容能够让朋友圈的好友从生活层面更好地认识你，让你的形象更加真实、可信任。

4. 卖货日常

经常看我朋友圈的伙伴会发现我基本上每天都发卖货的内容，节日的时候卖礼盒，平时就卖家庭必需品，比如牛奶、玉米、鲜椒酱这类复购率高的产品。

首先你要树立一个观念，就是在朋友圈里面卖货不丢人。很多老板都不好意思在自己的朋友圈里面发产品，那是没有真正理解微信成交的核心逻辑。另外，朋友圈也不能每天只发卖货的内容，每天发十几条，基本上都会被用户屏蔽或者删除。你可以每天最少发一条，最多发三条，如果赶上节日或者做活动，每天也不要高于六条。

5. 产品价值

朋友圈可以多发一些凸显产品价值的内容。以我所做的平台为例，我们主要是服务于企业及家庭用户，为他们提供礼品及优质好品，那么他们的痛点是什么？企业级客户更希望能够省心，无论是用来发员工福利还是走访企业上下游合作伙伴，我们能够给他们提供的是一站式的礼品服务，让客户省心。对于家庭用户，他们是希望能够享受高品质的产品，同时也具备一定的性价比，我们为了找到原产地好产品每年要出差200多天，就是为了能够保障品质。我朋友圈发的产品也是根据不同的用户需求及痛点来细分的。

无论你卖什么产品，首先应明确你的产品是为哪一类人群设计的。考虑因素包括年龄、性别、职业、生活方式、兴趣爱好等。比如，如果你的产品是一款高端护肤品，那么你的目标人群可能是注重皮肤保养、有一定购买力的成年女性。其次是研究目标人群的痛点，了解目标人群在使用类似产品或日常生活中遇到的问题和不便。这些痛点应该是你的产品能够解决或缓解的。比如，上述护肤品可能针对的是皮肤老化、干燥、暗沉等问题。最后，在了解了目标人群及其痛点后，你可以开始撰写文案。确保文案直接提及这些痛点，并清晰地传达出你的产品是如何解决这些问题的。比如，"告别干燥暗沉，重拾肌肤年轻光彩。我们的护肤品采用独家配方，深层滋润、修复肌肤，让你重拾自信美丽。"

6. 客户反馈

我们卖的很多产品，客户收到之后都会给我们反馈，比如说我们的性价比超高、产品太好吃了、太好喝了、为什么卖得这么便宜等。

当想要买一件羽绒服的时候，你会从哪些渠道购买？线上有京东、淘宝、拼多多，无论你在哪个平台购买，是不是会看这个产品的评价？如果评价太低或者差评太多你还会不会购买？客户给我们反馈的好评，就相当于在京东、淘宝上面产品的评价，通过朋友圈展示客户反馈的内容可以让围观的人对你更加信任，从而促进成交。

我们平时接触到的客户反馈内容一般分为正面反馈及具体案例，每一类应该如何发朋友圈呢？

（1）**正面反馈**。正面反馈是客户对产品或服务表示满意、认可或赞扬的反馈。在市场营销中，正面评价是非常宝贵的资源，因为它们能够增强品牌的信誉，提升潜在客户的购买意愿，并促进用户的转化率。

正面反馈通常来自真实用户的亲身体验，他们愿意分享自己使用产品或服务后的满意感受。有效的正面反馈往往包含具体的使用细节，比如产品的哪些功能特别受用，或者服务在哪些方面超出了预期。当多个用户给出相似的正面反馈时，这些反馈的可信度会大大增加，潜在客户更容易被说服。正面反馈中常常包含用户的情感表达，比如高兴、满意、感激等，这些情感能够引起其他用户的共鸣。

（2）**具体案例**。可以选择那些描述了具体场景的案例反馈，比如我一个朋友卖一款浴巾，我有一天刷到他发的用户反馈的朋友圈文案："××，你家的浴巾简直太好用了，我儿子不喜欢洗澡，主要是洗完澡之后擦起来很麻烦，但是用你家的这个浴巾，洗完澡直接裹着就出来了，吸水性能超级好，而且不掉毛，最重要的是我儿子竟然自己主动去洗澡了！"

7. 形成栏目

朋友圈不是想发就发，不想发就不发。还记得小时候下了课就往家跑，到家等着电视准时播放动画片，也就是我知道在这个固定的时间点电视会播放动画片，这就是栏目化。你的朋友圈也应该是这样，比如每天发4条朋友圈，其中有关于生活的、工作的、用户好评的等，做一个分类，几点发什么，你朋友圈的好友也会像追更一样追着你的朋友圈看。我的很多代理都是通过观察、围观我的朋友圈内容成交的，很多人加了我的微信之后会把我的朋友圈从第一条开始挨个看完，这就是追剧式朋友圈的魅力。

刻意训练，提升思维能力与表达水平

无论我们是用文字表达还是用语言表达，都需要我们有强大的逻辑思维能力，如何训练自己的逻辑表达能力并在一些场景中应用呢？

1. 金字塔原理

金字塔原理是一种重点突出、逻辑清晰、层次分明、简单易懂的思考方式、沟通方式、规范动作。它最早由美国管理学家巴博拉·明托在《金字塔原理》一书中提出。

金字塔原理的核心思想是将思维和表达结构化，使其更加清晰、有条理和易于理解。这种原理在商业、管理、写作等领域都有着广泛应用，成为许多成功人士的思维工具。金字塔原理由"总""分""总"三个部分组成，先提出总体观点，然后分解成若干个具体的分点，最后再对每个分点作详细阐述。

在具体应用中，金字塔原理需要遵循"以上统下、结论先行、归类分组、逻辑递进"的原则。这意味着在思考和表达时，要自上而下地组织思想，先提出总结性观点，再展开具体内容；要将思想归类分组，使其更具条理性和逻辑性。同时，要注意逻辑递进，确保每一步的推理都是合理和有依据的。

比如使用金字塔原理来作个人工作总结：

情境：一个市场专员需要向主管汇报自己过去一个月的工作成果。

金字塔结构：

顶层：

本月成功完成了三项主要市场活动，实现了预定目标。

中间层：

活动一：线上促销活动，提升了20%的销售额。

活动二：线下路演活动，吸引了大量潜在客户。

活动三：社交媒体营销活动，提高了品牌曝光度。

底层：

对于线上促销活动，我们优化了折扣策略和推广渠道；对于线下路演活动，我们与合作伙伴共同策划并执行；对于社交媒体营销活动，我们制作了有趣且引人入胜的内容。

表达：

首先，我告诉主管本月成功完成了三项主要市场活动并实现了预定目标。然后，我列举了每项活动的具体成果和贡献。最后，我分享了在这些活动中采取的关键措施和策略。这样的汇报结构清晰明了，让主管能够快速了解我的工作成果和思路。

如果你是一个礼品行业销售，如何使用金字塔原理的表达形式来汇报自己的春节销售呢？

顶层：总结性观点。

春节期间，我司礼品销售取得了显著成绩，整体销售额同比增长 30%，实现了预定的销售目标。

中间层：关键业绩指标与亮点。

销售额增长：春节期间销售额同比增长 30%，其中线上销售额增长 40%，线下销售额增长 20%。

客户拓展：新开发了 20 家大型企业客户，为未来的销售额增长奠定了坚实基础。

产品创新：推出了 5 款春节限定版礼品，受到市场的热烈欢迎和好评。

市场推广：通过社交媒体和线下活动等多渠道进行市场

推广，有效提升了品牌知名度和曝光度。

底层：具体行动与支撑细节。

销售策略优化：针对不同客户群体制订了个性化的销售策略，提高了销售转化率。对企业客户，我们提供了定制化的礼品解决方案和一站式采购服务；对个人消费者，我们推出了多样化的礼品选择和优惠促销活动。

客户服务提升：加强了客户服务团队建设，提供了更加及时、专业的售前、售中和售后服务；设立了 24 小时在线客服，及时解答客户疑问和处理订单问题；对重点客户进行了回访和关怀，增强了客户黏性和忠诚度。

库存管理优化：通过精准的市场预测和科学的库存管理，确保了春节期间的产品供应充足且减少了库存积压；与供应商建立了紧密的合作关系，确保了货源的稳定供应；通过数据分析，对热销产品进行了提前备货和库存调整。

团队协作与激励：加强了团队内部的协作与沟通，通过激励措施提高了团队的凝聚力和战斗力；定期组织团队会议和培训，分享销售经验和市场动态；设立了销售业绩奖励机制，对表现突出的员工进行了表彰和奖励。

通过这样的金字塔结构汇报，你可以清晰、有条理地展示春节期间的工作成果和业绩亮点，同时也能让听众更容易理解和记住你的报告内容。

2. 公开演讲表达

公开演讲中除了要使用上面提到的金字塔原理来表达自己的论点、论据外，更关键的是当我们被拉上去进行即兴演讲时的反应能力。

给大家推荐一个三段式即兴表达公式：**开场—论述—总结**。

以下是一个三段式即兴表达的具体例子，假设你被要求在公司的团队会议上即兴发言，谈谈对团队合作的看法。

引言（开场）：

"首先，非常感谢有这个机会在团队会议上发言。今天，我想谈谈对团队合作的一些感想，因为这是我们成功的关键之一。"

主体（论述）：

"对我来说，团队合作不仅是大家一起工作，更是相互信任、相互支持的一种精神体现。在过去的项目中，我们团队展现出了卓越的协作能力，共同面对挑战，取得了令人瞩目的成果。这种合作精神不仅提高了我们的工作效率，还增强了团队的凝聚力。

然而，我也意识到，在团队合作中可能会遇到各种挑战和冲突。这时，我们需要更加开放和包容的心态，愿意倾听不同的声音，寻求最佳的解决方案。只有这样，我们才能真正实现团队协作的潜力，创造出更大的价值。"

结尾（总结）：

"总的来说，团队合作是我们取得成功的基石。让我们继续保持这种协作精神，相互支持，共同迎接未来的挑战。我相信，只要我们团结一心，就没有什么能够阻挡我们前进的步伐。谢谢大家。"

这个例子展示了如何在即兴发言中运用三段式结构：通过引言引入话题，主体部分展开论述，结尾总结观点。这种结构清晰明了，有助于听众理解和记住你发言的内容。

如果你在公开演讲中很容易紧张，也给你分享一个小技巧。当你走向舞台的时候，可以使用"一定、二看、三问好"的形式来消除紧张感。"一定"，就是站定，不要来回走动，不然你会越来越紧张；"二看"，就是环视周围在场的观众；"三问好"，就是大声喊出来"大家好"，同时鞠躬。

公开演讲有比较高的表达门槛，最棘手的问题就是一上台就紧张，一紧张就把之前准备的稿子全忘记了。要想不紧张就要多练习，厚着脸皮上，习惯了也就不紧张了。

CHAPTER *6*
静默销售

高级的销售都是静默销售，不需要自己到处吆喝着卖货，而是通过销售技巧让客户主动找你买东西。那么，什么是静默成交，又如何才能做到呢？

静默成交是销售领域中比较高级的策略，强调在销售过程中减少硬性的推销行为，更多地通过建立信任、提供价值和优秀的服务来吸引客户，使客户主动产生购买行为。

要实现静默销售，需要做到以下几点：

建立信任：通过专业知识、真诚的服务态度和良好的口碑来建立与客户之间的信任关系。

提供价值：确保产品或服务能够真正解决客户的问题或满足他们的需求。

深度互动：与客户进行深入交流，了解他们的痛点和期望，然后提供有针对性的建议。

展示成功案例：通过分享其他客户的成功案例来增强客户对产品的信心。

销售心法与底层逻辑

我接触过的企业老板大致可以分为三类，一类是自己白手起家开始干的，一类是之前在企业里面做销售做到高层的，还有一类是之前在企业里面做产品开发的。这三类老板中，第二类企业往往做得规模更大，利润也更高，核心原因就是创始人是销售出身，自己就是最好的销售。在讲具体的销售策略和方法之前，先给大家分享几个核心的底层逻辑和心法，这是做好销售的前提条件。

1. 概率

门店开业时，你印刷了1万张传单，给路过的人们发了10张之后就没有再发了，门店的营业额会增长吗？肯定是不会的。但是当你把1万张单页在周围小区里面都发完了，你的营业额会增长吗？肯定是会的。为什么？因为你的覆盖面足够多，大概率会影响到你的潜在客户。销售成功的概率是由销售的人群覆盖量、触达量、咨询量、成交量决定的。

（1）**覆盖量**。覆盖量是指销售人员或销售团队所能接触到的潜在客户总数。在销售初期，增加覆盖量是提高销售概率的一种有效方法。这是因为，更多的潜在客户意味着更多的机会，所以你的客户数量是销售成功的核心前提条件。覆盖量的增加通常通过拓展市场、增加销售渠道、扩大目标客户群体等方式实现。

（2）**触达量**。触达量是指在潜在客户中，实际接收到销售人员信息或接触到销售产品的客户数量。提高触达量意味着需要优化信息传递渠道，确保信息能够准确、及时地传递给目标客户。可以利用社交媒体、电子邮件营销、电话营销等多种方式，精准地定位目标客户群体。

（3）**咨询量**。咨询量是指在触达的潜在客户中，对销售产品产生兴趣并主动发起咨询的客户数量。咨询量的多少反映了潜在客户对产品的关注度和购买意愿。为了提高咨询量，销售人员需要提供有吸引力的产品信息和优惠活动，同时积极主动地与潜在客户保持互动，及时解答他们的问题和疑虑。

（4）**成交量**。成交量是指在咨询的潜在客户中，最终完成购买交易的客户数量。成交量是销售过程的最终目标，也是衡量销售业绩的关键指标。提高成交量需要销售人员在咨询阶段做好客户需求分析、产品匹配和价格谈判等工作，同时还需要关注售后服务和客户关系的维护，以确保客户满意度和忠诚度。

成交的底层逻辑是概率。所以不要担心被一个人拒绝，那是因为你还没有覆盖足够多的客户。

2. 互动频次

互动频次指的是销售人员与客户之间交流的次数和频率。高互动频次有助于建立并维护与客户的关系，增加客户对销售人员和产品的信任感。为了实现高互动频次，销售人员需要积极主动地与客户保持联系，定期回访、发送问候信息、分享行业动态等。同时，互动的质量也很重要，销售人员需要真诚地关心客户的需求和反馈，提供有价值的信息和建议。

互动频次在销售过程中起着至关重要的作用，它不仅是建立客户关系的桥梁，也是提升销售业绩的关键因素。

（1）增强客户信任感与忠诚度。高频次互动有助于销售人员与客户之间建立更紧密的联系。通过频繁的沟通与交流，销售人员可以更好地了解客户的需求、疑虑和反馈，从而提供更加贴合客户实际的产品或服务解决方案。这种个性化的关怀与服务能够让客户感受到被重视和尊重，进而增强对销售人员的信任感和忠诚度。

（2）**提升客户满意度与口碑**。互动频次的高低直接影响客户对销售过程的满意度。高频次互动可以让销售人员及时发现并解决客户在使用过程中遇到的问题，从而提升客户满意度。满意的客户更有可能向亲朋好友推荐产品或服务，形成口碑传播，为销售人员带来更多的潜在客户。

（3）**促进销售机会的挖掘与转化**。通过高频次互动，销售人员可以更深入地了解客户的业务状况、发展计划和潜在需求。这些信息的掌握有助于销售人员及时发现并挖掘新的销售机会，将潜在客户转化为实际订单。此外，与客户的频繁互动还有助于销售人员识别客户的购买信号，从而更加精准地把握销售时机，提高成交率。

（4）**优化销售策略与改进产品**。互动不仅让销售人员了解客户的需求变化，还可以收集到客户对产品和服务的宝贵意见。这些反馈信息对于销售人员优化销售策略、改进产品功能和服务质量具有重要意义。通过不断地调整和改进，销售人员可以提供更加符合市场需求的产品和服务，从而在激烈的市场竞争中占据有利地位。

要想和客户建立起高频互动，一定不能只发广告，也不能单纯聊产品和工作，而是要进行更多的生活上的互动。在实际应用中，可以通过微信朋友圈点赞、评论、私信等形式来和客户保持高频次互动。

3. 触达点

触达点是指销售人员能够接触到潜在客户的渠道或场合。了解并利用好各种触达点对于扩大销售影响力至关重要，常见的触达点包括社交媒体平台、行业展会、专业论坛、线下门店等。比如你跟这个潜在客户不只是微信好友，还有一个共同的群，还在同一个协会，一起去参加过一场活动，就说明你能够和这个用户触达的点比较多，同样成交的概率也就更大。

销售人员需要根据目标客户群体的特点和偏好选择合适的触达点，并制订相应的营销策略。同时，不断优化触达点的选择和使用也是提升销售效果的关键。

4. 信任五环

在销售领域，赢得客户的信任是成功之本。而超级销售技巧中的信任五环模型正是为此设计的。这一模型涵盖了五大要素：产品知识的掌握、销售技巧的熟练运用、专业形象的塑造、卓越的客户服务以及广泛的人际关系网络。这五大要素共同构成了销售人员与客户建立深厚信任的基石。

第一，对产品或服务的深入了解是建立信任的起点。销售人员必须对所销售的产品或服务了如指掌，包括其独特之处、竞争优势以及实际应用场景。只有这样，他们在与客户交流时才能展现出深厚的专业素养和自信，从而有力地说服客户。

第二，**精湛的销售技巧不可或缺**。销售人员需要熟练运用各种沟通技巧、谈判策略和销售方法，以便更好地与客户建立联系，深入挖掘他们的需求，并提供恰到好处的解决方案。这些技巧的运用将大大提升赢得客户信任的概率。

第三，**专业形象的塑造同样重要**。销售人员应注重自己的仪表、言谈举止以及商务礼仪，以展现出专业、自信且负责任的一面。这样的形象会让客户感受到销售人员的专业素养和可信赖性，从而更愿意与他们建立长期合作关系。

第四，**卓越的客户服务是建立客户信任的核心所在**。销售人员应始终关注客户的需求和反馈，提供优质的服务和解决方案，并积极主动地解决客户面临的问题。这种以客户为中心的服务理念将极大地提升客户的满意度和忠诚度。

第五，**广泛的人际关系网络是销售人员建立客户信任的重要支持**。通过积极建立人脉关系、拓展社交圈，销售人员可以与更多潜在客户建立联系和友谊，从而开拓更广阔的业务领域和客户资源。这种人际关系网络的构建将为销售人员赢得更多客户的信任提供有力保障。

5. 需求

金牌销售发现用户需求，而王牌销售影响用户需求，顶级销售会认为每个人对他的产品都有需求。

　　当我们在销售一个产品的时候，被拒绝的最多理由就是"我不需要这个产品"。客户是真的不需要我们的产品吗？还是说他需要这类产品，但不需要你的产品？

　　我们可以通过观察用户的朋友圈或者与客户交流，了解客户的痛点、挑战、欲望和目标。同时，观察客户的非言语沟通（如肢体语言、面部表情）也能获得额外的线索，并由此来判断客户是否需要我们的产品。比如客户进入家居装饰公司时，销售人员并不是立即推销产品，而是先与客户交流，了解他们正在寻找什么样的家居风格、对哪些材料有偏好、预算范围是多少等。通过这些问题，销售人员能够准确地了解客户的需求，并据此提供合适的家居装饰方案。同时，还要提出开放式问题，鼓励客户分享更多信息。再如，一位健身房销售人员在与潜在客户交谈时，不仅询问他们的健身目标，还深入了解他们的日常习惯、工作时间和健身经验，这样，销售人员就能够为客户推荐最适合他们日程安排和健身水平的会员套餐和训练计划。

　　上面几个案例是发现客户的需求，那么如何影响客户的需求呢？王牌销售知道如何教育客户，使他们意识到某些产品或解决方案的价值。这可以通过分享案例研究、白皮书、行业报告或产品演示来实现。同时强调产品如何满足客户的具体需求，解决他们的问题，或帮助他们实现目标。这需要深入了解产品的特点和优势，并将其与客户的实际需求相匹配。

首先，通过建立专业形象、提供高质量服务和支持，以及展示对客户的真诚关心，以建立长期的信任关系。这会使客户更愿意考虑你的产品建议。

其次，根据客户的具体需求和偏好定制产品演示、报价或解决方案。个性化的体验会让客户感觉到被重视和理解。利用客户评价、推荐信或合作伙伴的背书来增加产品的可信度。当潜在客户看到其他人对你的产品表示满意时，他们更有可能被影响。

最后，如果客户表示不需要你的产品，顶级销售会灵活调整策略，可能是通过提供不同的产品选项、定价结构或服务级别来满足客户的特定需求。他们还会保持与客户的联系，以便在未来需求变化时能够提供解决方案。

6. 风险

在销售过程中，客户在决定是否购买产品或服务时，通常会考虑一系列的风险点。这些风险点涉及金钱、时间、性能、信誉等多个方面。理解并有效地解决这些风险点对于销售人员来说至关重要，因为它们直接影响到销售成交的可能性。

(1) 理解客户的风险点。

财务风险：客户担心购买的产品或服务物非所值，或者价格高于市场平均水平。

性能风险：客户担心产品或服务的功能不满足其需求，或者性能不稳定。

时间风险：客户担心购买后需要花费大量时间学习使用，或者产品交付时间过长。

社会风险：客户担心购买决策会受到周围人的负面评价，比如被认为是不明智的选择。

心理风险：客户担心购买后会后悔，或者对新产品有适应上的困难。

（2）打消客户风险的方法。

提供详细信息：确保客户对产品的性能、价格、交付时间等有全面了解。透明的信息可以减少误解和不必要的担忧。

试用或体验：如果可能的话，提供试用或体验服务，让客户亲自感受产品的优点，这通常比任何口头描述都更有效。

客户评价和推荐：展示其他客户的正面评价和推荐信。社会证明是一种强大的工具，可以帮助建立信任并减少顾虑。

质量保证和售后服务：提供明确的质量保证和售后服务条款。让客户知道，如果出现问题，他们可以得到及时的支持和解决方案。

灵活的退换政策：一个合理的退换政策可以让客户在购买时感到更加安心。它减少了财务风险，并表明你对产品的信心。

建立个人关系：与客户建立个人关系，通过真诚的交流和关心来建立信任。当客户觉察到与销售人员有联系时，他们更可能开放地分享担忧，也更容易接受建议。

专业资质和认证：展示公司或产品的专业资质和认证。这些可以增加客户对产品和服务可靠性的信任。

综合运用这些方法，可以有效地识别并解决客户在成交过程中的风险点，从而增加销售成功的机会。比如一个新店开业和一个老店开业做同样的储值活动，老店的储值金额与储值用户量肯定明显高于新店，这是因为新店还没有在周边树立起来口碑。

7. 用户分层

优秀的销售会把自己的客户进行分类，你的客户有分层吗？对朋友圈的潜在客户进行分层是销售过程中的一个重要策略，它有助于我们更有效地管理客户关系，提高销售转化率。以下是对客户进行分层以及分层后有针对性管理的方法：

（1）对客户进行分层的方法。

◆ 根据购买意向分层

● 高意向客户：对产品或服务表现出浓厚兴趣，有明确购买意向。

●中意向客户：对产品或服务有一定兴趣，但需要更多信息或时间来做出决定。

●低意向客户：对产品或服务兴趣不大，或暂无购买计划。

◆ 根据客户需求分层

●紧急需求客户：急需产品或服务，购买决策时间较短。

●一般需求客户：对产品或服务有需求，但不紧急。

●潜在需求客户：目前无明显需求，但未来可能有。

◆ 根据客户关系分层

●现有客户：已经购买过产品或服务的客户。

●潜在客户：尚未购买但有可能成为客户的联系人。

●影响者：对产品或服务有积极评价并能影响他人购买决策的人。

◆ 根据客户价值分层

●高价值客户：购买力强，对产品或服务有高利润贡献。

●中价值客户：购买力一般，对产品或服务有一定利润贡献。

●低价值客户：购买力较弱，对产品或服务的利润贡献有限。

◆ 从客户消费金额角度分层

● A 类，核心客户：已经成交过 2 次以上，与关键人建立了比较深的客情关系。

● B 类，重点客户：企业福利采购成交过 1 次或者个人经常拿货自用，与关键人建立比较良好的客情关系。

● C 类，普通客户：聊过、认识比较熟悉，但是还没有采购付费。

● D 类，新进客户：刚认识还没拜访或者是之前的朋友，但是很久没有联系了。

◆ 从客户规模（潜在价值）分层

● I 类，顶级企业：员工 2000 人以上。

● II 类，规模级企业：员工 200 人以上。

● III 类，小规模企业：员工 20 人以上。

● IV 类，个体企业：员工 20 人以下。

（2）分层后的针对性管理策略。

◆ **高意向 / 紧急需求客户**：优先跟进，提供个性化服务和解决方案；定期沟通，保持密切联系，及时解决疑问；提供优惠促销或限时活动，促成快速成交。

◆ **中意向 / 一般需求客户**：定期发送有价值的内容，如行业资讯、产品更新等；邀请参加产品演示或线下活动，增强了解；建立信任关系，逐步引导其向高意向转化。

◆ **低意向/潜在需求客户**：保持一定频率的联系，避免过度打扰；发送通用性较强的营销内容，如品牌故事、用户案例等；在关键时刻（如节假日、促销活动）发送问候或优惠信息。

◆ **现有客户**：提供优质的售后服务和支持，确保客户满意度；定期回访，了解产品使用情况，收集反馈意见；推送新产品或升级信息，促进再次购买或升级消费。

◆ **影响者**：建立良好的关系，感谢其积极评价和传播；提供专属优惠或赠品，鼓励其继续推荐新客户；定期分享行业动态或产品资讯，保持其兴趣和关注度。

通过对朋友圈的潜在客户进行分层和有针对性的管理，销售人员可以更加高效地利用时间和精力，提高销售效率和客户满意度。同时，这种策略也有助于销售人员更好地了解客户需求和市场动态，为未来的销售活动做好准备。

8. 细节把控

销售就是盯细节，通过客户跟进表、档案表来量化每天跟进的客户数量，客户反馈数量以及下次跟进节点，做好每一个客户的跟进和服务，最大化用户转化率。把控销售环节的细节对于提高用户转化率和整体销售业绩至关重要，具体如何做呢？

（1）**建立完善的客户档案**：为每个潜在客户创建详细的档案，包括基本信息（如姓名、联系方式、公司名称等）、业务需求、购买意向、沟通记录等。定期更新客户档案，确保信息的准确性和时效性。

（2）**制订客户跟进计划**：根据客户档案中的信息和购买意向，制订个性化的跟进计划。设定明确的跟进时间和方式（如电话、邮件、面访等），确保不会错过任何一次与客户互动的机会。

（3）**记录客户反馈**：在每次与客户沟通后，详细记录客户的反馈意见和需求变化。分析客户反馈，及时调整销售策略和产品方案，以满足客户的需要。

（4）**设定下次跟进节点**：根据客户的反馈和购买意向，设定下次跟进的具体时间和目的。确保跟进节点的设置合理且具有针对性，以提高跟进效果。

（5）**持续优化销售流程**：定期回顾销售流程，识别存在的问题和瓶颈。根据实际情况调整销售流程，以提高工作效率和客户满意度。

（6）**培训和提升销售团队的能力**：定期对销售团队进行培训和辅导，提升他们的专业技能和沟通能力。鼓励销售团队分享成功案例和经验教训，促进团队内部的知识共享和成长。

（7）**利用技术工具辅助管理**：使用客户关系管理系统或其他相关软件工具来辅助客户管理和跟进工作。利用技术工具的自动化和数据分析功能，提高客户管理的效率和准确性。

通过以上措施，你可以更加精细化地处理销售环节中的细节，确保每个客户都得到及时、专业和个性化的服务。这将有助于提高用户转化率、增强客户忠诚度并推动销售业绩的持续增长。

沙龙式成交

　　沙龙式成交是一种特殊的营销方式，通常在沙龙活动中实现。沙龙活动是一种较为轻松、自由的聚会形式，参与者可以在这种环境下自由交流、分享经验和资源。

　　我个人很喜欢沙龙式一对多的成交方式，在喝茶聊天的过程中就完成了销售。我从来都不会强硬地去介绍某个产品，而是在聊天过程当中，挖掘客户的需求，然后让客户和我产生共鸣；分享专业的知识点，提供有价值的方案，最终达到成交。沙龙并不需要指定一个固定场所和固定时间，你可以约三五好友或者潜在客户，每周举行3～4次小沙龙。这样的方式能够更好地建立信任并成交，销售不是一锤子买卖，而是互利共赢的长久生意。

　　在沙龙式成交中，营销人员不是通过直接推销或强行销售来实现交易，而是通过与潜在客户建立情感共鸣、分享专业知识或提供有价值的信息来吸引客户，并最终促成交易。这种方式强调与客户的互动和沟通，旨在建立长期的合作关系而非一次性销售。

沙龙式成交的关键在于创造一个轻松、愉悦的氛围，让客户在没有压力的情况下了解产品或服务，并自发地产生购买意愿。这种方式需要销售人员具备较高的专业素养和人际交往能力，能够与客户建立信任和共鸣。并非所有的沙龙活动都会以成交为目的。有些沙龙活动可能更注重知识分享、经验交流或社交互动，并不直接涉及销售行为。

1. 适用场景和行业

沙龙成交适合多种场景和行业，主要取决于活动的目的和参与者的需求。以下是一些适合采用沙龙式成交的场景、行业及其成交模式转化思路。

(1) 场景。

资源对接茶会：主要是邀请一些潜在合作者通过相互交流分享建立起来更深的信任关系，进而达到产品销售的目的。

产品发布会：在新产品发布时，通过沙龙活动邀请潜在客户、合作伙伴或媒体，进行产品体验和交流，促成现场成交。

行业交流会：行业内的专业人士或企业代表聚集在一起，分享行业趋势和市场机会，寻求合作与共赢。

客户答谢会：为感谢客户的长期支持，举办沙龙活动，提供专属优惠或新品体验机会，促进客户再次购买或升级服务。

专业知识分享会：邀请行业专家或意见领袖进行知识分享，吸引潜在客户前来参与，并在活动中通过互动和交流建立信任，促成交易。

（2）行业及其沙龙成交模式转化思路。

美容护肤：美容沙龙活动可以提供护肤知识讲座、皮肤测试、产品试用等服务，吸引爱美人士参与并现场购买产品。

健康保健：举办健康沙龙，邀请医学专家或营养师分享健康知识，推广健康产品，吸引关注健康的消费者。

房地产：房产沙龙可以邀请潜在购房者了解楼盘详情、户型设计、装修风格等，提供现场看房和购房咨询服务。

金融投资：金融沙龙活动可以邀请投资顾问分享投资知

识、市场动态和理财产品，吸引有投资需求的客户参与并考虑购买相关服务。

教育培训：教育沙龙可以提供课程试听、专家讲座和咨询服务，帮助潜在学员了解课程内容和教学质量，促成报名。

奢侈品：奢侈品沙龙可以为高端客户提供独特的体验、定制服务和专属优惠，增强品牌忠诚度和购买意愿。

总的来说，沙龙式成交适合那些需要与客户建立深度互动、提供专业知识或独特体验，并希望通过轻松愉悦的氛围促成交易的场景和行业。

2. 优势和劣势

沙龙式成交作为一种特殊的营销方式，具有一些明显的优势和劣势。

优势

互动性强：沙龙活动为参与者提供了一个互动的环境，大家可以自由交流、分享经验和观点。这种互动性有助于建立信任和共鸣，为成交打下基础。

知识分享：沙龙活动通常围绕某一主题或领域进行，

邀请行业专家或意见领袖进行知识分享。这种分享不仅提升了参与者的认知水平，还增加了活动的吸引力。

人际交往机会： 沙龙活动吸引了来自不同背景、不同领域的人参与，为大家提供了人脉链接机会。这种机会有助于拓展社交圈子，发现潜在的合作伙伴或客户。

轻松愉悦的氛围： 相比传统的销售方式，沙龙活动通常在一个轻松愉悦的氛围中进行。这种氛围有助于减轻参与者的压力，让他们在没有负担的情况下了解产品或服务。

提升品牌形象： 通过举办沙龙活动，企业可以展示自己的专业能力和品牌形象，提升在潜在客户心中的认知度和好感度。

劣势

成本较高： 举办一场沙龙活动需要投入一定的时间、人力和物力成本，包括场地租赁、设备购置、人员安排等。这些成本可能会对企业的利润造成一定影响。

效果难以预测： 尽管沙龙活动有助于提升品牌形象和促进销售，但其具体效果往往难以预测。活动的成功与否取决于多种因素，包括参与者的数量和质量、活动的主题和内容、现场的氛围等。

对组织能力要求较高：沙龙活动需要组织者具备较高的组织能力和人际交往能力，以确保活动的顺利进行和提高参与者的满意度。如果组织能力不足，可能会导致活动混乱或参与者流失。

可能存在销售压力：虽然沙龙式成交强调与客户的互动和沟通，但在某些情况下，销售人员可能需要在活动中完成一定的销售任务，因此会面临一定的销售压力。这种压力可能会影响活动的氛围和参与者的体验。

如果你之前没有组织过沙龙式成交活动，可以先从小型的沙龙开始，比如一次定向邀请5～8个人，在你自己的场地交流分享。

3. 组织形式和流程

沙龙可以有多种主题，比如创业分享会、读书沙龙会、资源交流会等。以礼品行业为例，我们经常组织的是创业资源交流分享沙龙，每周组织两场，每场邀请5～8个比较熟悉的人，大家在交流资源的过程中植入我们的产品试吃，最终转化为礼品产品的销售。沙龙式销售的组织流程如下：

活动前期准备。

（1）**确定参与者名单**：从已有的联系人或合作伙伴中筛选5～8位相互熟悉或有一定合作基础的创业者、老板或部门负责人。考虑参与者的行业背景、兴趣爱好等因素，确保活动中有良好的交流氛围。

（2）**选择活动地点与时间**：选择一个环境优雅、安静的茶馆，确保有足够的私密空间供参与者自由交流。如果你自己的办公室里面有茶室那是最好的，还能够直接来你的产品展厅。确定一个适合大多数参与者的下午茶时段，确保活动不会与其他安排冲突，建议安排在周末的上午或者下午，也可以各一场。

（3）**茶室与茶点准备**：提前准备好茶室，确保有足够的座位和舒适的环境。根据参与者的口味喜好，准备几种不同的茶叶供选择，如果女士比较多，适合喝玫瑰花茶；男士比较多，适合喝普洱茶。

同时准备一些简单的茶点或小吃，增加活动的愉悦感，这个就是成交的关键点，你准备什么样的茶点小吃就会转化什么类型的产品。我们一般准备煮熟的玉米切块、热牛奶、罐头等，总之你想卖什么，就让大家先体验试吃什么。准备好每一个试吃产品的介绍，让大家能够感受到每一个产品的品质感和口感。比如给大家上玉米试吃的时候可以这样说："这个玉米大家一定要尝一尝。我女儿很不喜欢吃玉米，现在天天嚷嚷着要吃这个玉米。这个玉米，孩子孕妇都可以放心吃，没有打药，又甜又糯。"让用户不只了解到产品的味道，更重要的是描述出产品的核心价值。

活动当天流程。

（1）**迎接参与者：**活动组织者提前到达茶室，确保一切准备就绪，主要是提前制作好试吃的产品，分盘装好，参与者到达时，热情迎接并引导他们就座。

一般大家不会同时到达，先到的人可以先聊天，等人都到齐后开场："今天约大家一块来喝茶，主要是想见大家了，同时又觉得大家之间有一些可以合作的点，就想着约来一块坐坐。"

（2）**作为主持人介绍大家互相认识：**这个环节主要是把每个人是谁、在做什么做一个简单介绍，然后还需要问一下对方有没有漏掉的或者需要补充的，再让对方做个自我介绍。一般介绍一个人需要3分钟左右的时间。一定要把谁有什么资源、需要什么样的合作介绍清楚。

（3）**话题切入：**在一场沙龙活动中可以聊的话题有很多，每一个话题聊着聊着就可以自由产生出新的聊天方向，只需要先切入聊天，后面就比较容易互动了，给大家几个不同的话题切入方向。

行业动态与趋势：分享各自所在行业的最新动态

及发展趋势，讨论行业面临的挑战和机遇，以及如何应对和把握。

创业经历与心得：分享个人的创业历程、经验教训和心得体会，讨论创业过程中遇到的困难和挑战，以及如何克服。

资源共享与合作机会：介绍各自可提供的资源（如人才、技术、市场渠道等）和寻求的合作机会，探讨可能的合作模式和共同发展的方向。

市场营销与品牌建设：分享各自在市场营销和品牌建设方面的经验和策略，讨论如何提升品牌知名度、扩大市场份额和提高客户忠诚度。

团队管理与人才培养：交流团队管理经验，如招聘、激励、考核等方面的方法和技巧，讨论如何培养和留住优秀人才，提升团队整体绩效。

工作与生活平衡：分享如何在繁忙的工作中保持身心健康，实现工作与生活的平衡，讨论休闲活动、兴趣爱好对提升工作效率和创造力的影响。

社会热点话题：针对当前的社会热点话题（如环保、科技伦理、社会公益等）发表看法和观点，探讨企业如何承担社会责任，实现可持续发展。

文化与艺术：分享对文化、艺术、历史等方面的兴趣和见解，讨论如何将文化与艺术元素融入企业发展和产品创新中。

这些话题仅供参考，因为沙龙并不是严肃的会议，所以话题可以分散些，尽可能地照顾到大家的感受。

（4）**自由交流与分享**：鼓励参与者自由交流，可以分享近期的工作动态、生活趣事或感兴趣的话题，组织者可以适时加入讨论，引导话题，确保交流氛围轻松愉悦。

（5）**自然结束**：当活动进行到自然结束的时间点时，组织者可以简单地总结一下活动的愉快时刻和收获。一般一场沙龙不超过3个小时，如果时间太长，一方面你的时间成本高，另一方面来参加活动者的时间不好约。如果你是刚开始做礼品生意，可以在结束的时候顺便提一句"如果以后公司有员工福利采购或者走访需求，大家一定要先来问问我，我肯定给大家做好服务"。

后续跟进与关系维护。

这才是一场成功沙龙的关键。很多人也学着我们自己组织沙龙，形式都是一样的，但就是不开单。这是为什么？这是因为，当活动结束之后，我们需要做以下几件事：

发送感谢信息：在活动结束后的一两天内，向参与者发送感谢信息，表达对他们参与活动的感激之情。

整理活动成果：整理活动中提及的资源共享和合作意向信息，形成一个简单的文档或电子表格，将这些信息分享给所有参与者，方便他们后续进一步沟通和合作。

植入产品信息：如果是快过节了，可以给大家发一个你们节日礼盒的产品清单，如果不是节日可以把日常复购比较多的产品介绍整理成一个图片或者PDF文件发给对方，让对方了解。不做强推广，也就是不直接引导对方购买，核心就是让对方了解你在做的事情，为后续成交打下基础。

朋友圈销售

我认为朋友圈销售最核心的就是你分享什么就成交什么，比如说我现在想卖货了，那么我在朋友圈一定要发产品、客户好评；如果我最近要去招商了，我就会收集大家的各种咨询等。

1. 产品好评

产品好评在朋友圈销售中扮演着至关重要的角色。当潜在客户看到其他真实用户对产品的积极评价时，他们的购买意愿往往会大幅提升。这是因为好评能够增加产品的信任度，减少购买风险，并激发潜在客户的购买欲望。

具体来说，产品好评可以包括以下几个方面：

质量好评：客户对产品质量的肯定和赞赏。比如，"这件衣服质量真的太好了，穿上很舒服，洗了几次都没变形。"这样的评价能够让潜在客户对产品的品质有信心。

效果好评：客户对产品使用效果的满意和认可。比如，"用了这款护肤品后，我的皮肤变得细腻光滑，真的很好用！"这样的评价能够证明产品的有效性，吸引更多潜在客户尝试。

服务好评：客户对销售人员的服务态度和专业性的赞扬。比如，"卖家服务态度很好，解答了我很多问题，发货也很快。"这样的评价能够提升销售人员的信誉和口碑。

在朋友圈中分享产品好评时，可以采用以下几种方式：

直接引用客户好评：将客户的好评直接截图或复制粘贴到朋友圈中，并附上自己的感谢和回应。这样可以增加好评的真实性和可信度。

分享使用心得：从自己的角度分享使用产品的感受和效果，同时提及客户的好评。这样可以让潜在客户更全面地了解产品的特点。

举办好评活动：鼓励客户在朋友圈中分享自己的好评，并举办一些奖励活动，如抽奖、优惠券等。这样可以激发客户分享好评的积极性，扩大产品的影响力。

无论你卖什么产品，都要用心去收集客户好评。如果前期好评内容比较少，可以刻意地去引导客户进行分享、反馈。

2. 稀缺紧张

稀缺紧张在营销中是一种常用的策略，其核心在于创造一种产品或服务供应有限、时间紧迫的情境，从而激发消费者的购买欲望和行动。在朋友圈销售中，这一策略同样非常有效。

稀缺紧张可以通过以下几个方面来体现：

数量限制：明确表明产品数量有限，如"仅剩最后 ×× 件""限量发售 ×× 件"。这样的表述会让消费者感觉到产品的稀缺性，从而更加珍惜购买机会。

时间限制：设置限时优惠活动，如"限时抢购，仅剩最后 ×× 小时"或"今日下单立享优惠"。这样的时间压力会促使消费者尽快做出购买决策，以免错过机会。

热销氛围：展示产品的热销情况，如"销量火爆，即将售罄"或"每小时售出 ×× 件"。这种热销氛围会让消费者感觉到产品的受欢迎程度，从而增加购买的紧迫感。

在朋友圈中运用稀缺紧张策略时，可以注意以下几点：

真实可信：确保所传达的稀缺信息真实可信，避免夸大其词或虚假宣传。否则，一旦消费者发现信息不实，就会对品牌和产品失去信任。

适度运用：虽然稀缺紧张策略能够有效提升销售，但过度使用可能会让消费者感到疲惫和反感。因此，要适度运用这一策略，维持与消费者的良好关系。

结合其他策略：稀缺紧张策略可以与其他销售策略相结合，如优惠折扣、赠品等。通过多重优惠和策略的组合，可以进一步吸引消费者并提高购买转化率。

3. 活动促销

在朋友圈内做促销是最直接的一种成交方式，一般可以使用以下几种活动形式来实现产品促销：

（1）折扣促销。

案例："限时折扣！今天购买我们的产品，享受 8 折优惠！错过今天，再等一年！"并配上产品图片和购买链接。

（2）赠品促销。

案例："买一送一！购买我们的 ×× 产品，即赠送价值 ×× 元的 YY 赠品！数量有限，送完即止！"并附上产品和赠品的合照。

（3）限时抢购。

案例： "限时 1 小时抢购开始！前 10 位购买者将获得额外 5% 的折扣！快来抢购吧！"并配上倒计时图片和产品链接。

（4）集赞促销。

案例： "集齐 30 个赞，即可享受购买我们产品的 9 折优惠！快转发给你的好友一起点赞吧！"并配上产品图片和集赞进度截图。

（5）节日促销。

案例： 在中秋节前夕发布"中秋特惠！购买我们的月饼，即送精美礼盒和贺卡！提前预订，享受更多优惠！"并配上月饼和礼盒的图片。

（6）互动游戏促销。

案例： "参与我们的猜谜游戏，答对者即可获得 ×× 产品免费试用机会！快来挑战你的智慧吧！"并附上谜题和产品图片。

(7) 团购 / 拼单促销。

案例："3人成团，立享团购价！邀请你的好友一起购买我们的产品，共同享受超值优惠！"并配上团购链接和产品图片。

(8) 推荐有奖促销。

案例："推荐好友购买我们的产品，你和你的好友都能获得额外优惠！快来推荐吧！"并配上推荐链接和奖励说明。

做促销的意义在于刺激潜在客户消费，但是促销活动也不能经常做，如果天天打折，那就跟不打折是一个道理了。

4. 收款记录

在朋友圈销售中发收款记录不仅证明了销售活动的成功，还增强了潜在客户对你的产品和服务的信任。

收款记录的重要性在于：

◆ **信任建立**：在朋友圈这样的社交平台上，信任是至关重要的。通过展示真实的收款记录，你能够向潜在客户证明你的产品是受欢迎和可信赖的。

◆ **销售证明**：收款记录直接反映了你的销售情况。频繁的收款记录意味着你的产品销量好，这能够吸引更多潜在客户。

◆ **社交证明**：当其他人看到你的收款记录时，他们可能会因为好奇或跟随趋势而产生购买欲望。这种社交证明效应在朋友圈中尤为显著。

那么一个优秀的成交朋友圈文案如何展示收款记录？

截图展示：你可以将收款截图直接发布到朋友圈，并配以简短的说明文字，如"感谢××的信任和支持，又收到一笔款项！"这样的展示既真实又直接。

数据汇总：你可以定期汇总收款数据，以图表或统计的形式展示。比如，你可以发布一张月度或季度销售额统计图，并配以鼓励性的文字。

客户反馈与收款结合：在展示收款记录的同时，结合客户的正面反馈或评价，能够进一步增强信任和购买欲望。

因为展示收款记录比较敏感，当我们发朋友圈的时候需要特别注意以下几点：

保护隐私：在展示收款记录时，注意保护客户和自己的隐私。避免泄露敏感信息，如具体金额、客户姓名等。

真实性：确保所展示的收款记录是真实可信的。避免夸大其词或伪造数据，以免损害你的信誉。

　　适度展示：虽然展示收款记录有助于提升销售和信任，但过度展示可能会引起一些人的反感。因此，要适度展示，保持与朋友圈的整体氛围相协调。

　　你可以发布一条动态："【收款喜报】今天又收到一笔来自北京的订单款项！感谢大家的支持和信任，我们会继续努力提供更好的产品和服务！"并附上收款截图或订单确认信息。或者，你可以定期（如每月底）发布一条汇总动态："【月度收款总结】这个月我们收到了来自全国各地的××笔订单款项！感谢大家的热情支持和持续信任，让我们更有动力前进！"并附上收款总额或增长趋势图表。

　　通过这样的展示方式，你不仅能够向潜在客户证明你的销售实力和产品受欢迎程度，还能够增强与现有客户之间的信任和联系。

5. 火爆发货

　　火爆发货是指在销售过程中，由于订单量激增或产品热度高涨，导致发货量迅速增加，形成火爆的发货场面。在朋友圈销售中，火爆发货的场景往往能够引发潜在客户的购买欲望，增强他们对产品的信任感，同时也能够提升品牌形象和口碑。

为什么要在朋友圈发火爆发货的场景呢?

增强信任感: 当潜在客户看到大量的发货记录或火爆的发货场面时, 他们会认为这是一个受欢迎且可信赖的产品。这种社会证明效应能够减少购买风险, 提高购买决策的信心。

提升品牌形象: 火爆发货展示了品牌的高销量和良好口碑, 有助于提升品牌在潜在客户心中的地位和价值。这对于长期的品牌建设和市场份额拓展至关重要。

刺激购买欲望: 看到其他人都在购买和使用该产品, 潜在客户可能会受到从众心理的影响, 产生购买欲望。火爆发货的场景能够激发这种心理效应, 促使潜在客户尽快下单。

如何通过朋友圈营造火爆发货的氛围?

实时更新发货动态: 在朋友圈中频繁更新发货动态, 展示大量的订单处理和包裹打包场景。可以使用图片、视频等多种形式进行展示, 以增加真实感和视觉冲击力。

强调库存紧张: 结合产品热销的情况, 可以适当强调库存紧张的信息。这不仅能够制造稀缺感, 促使潜在客户尽快下单, 还能够进一步烘托火爆发货的氛围。

客户反馈与发货结合：在展示火爆发货的同时，可以结合客户的积极反馈和评价进行展示。这种结合能够进一步增强潜在客户对产品的信任感和购买欲望。

合作与联动：与其他销售渠道或合作伙伴进行联动，共同营造火爆发货的氛围。比如，可以与线下门店、电商平台等进行合作，共享发货信息和资源，扩大火爆发货的影响力。

> 你可以发布一条动态:"【火爆发货现场】今天的订单量又创新高了！感谢大家的热情支持和耐心等待，我们正在加班加点处理订单，尽快将宝贝送到你们手中！"并附上发货现场的图片或视频。
>
> 或者，你可以与合作伙伴联动发布一条动态："【线上线下同步火爆】感谢全国各地的小伙伴们的支持！我们的线上订单和线下门店都迎来了火爆的发货潮！请大家放心，我们会全力以赴保障大家的购物体验！"并附上线上线下发货的合照或视频。

6. 忙碌充实

分享自己的工作状态或生活点滴，展示忙碌而充实的生活。如果你的朋友圈没有内容或者素材可以发，那一定是你没有在做事情，如果你每天都很忙碌，朋友圈的素材文案就少不了。

比如这类朋友圈内容：

> 一条朋友圈动态："深夜加班，但看到项目进展顺利，一切都值得！＃忙碌而充实＃工作使我快乐"配图：办公室夜景或工作成果截图。
>
> 另一条动态："周末也不忘自我提升，参加了一场关于×××的集训营，收获满满！＃学无止境＃个人成长"配图：集训营现场照片或学习资料。
>
> 再一条动态："工作之余，也要享受生活！和家人一起去爬山，感受大自然的美丽！＃平衡生活＃户外运动"配图：爬山风景照或家人合影。

主要是让大家感受到你充实的生活，充满了能量。

7. 专业靠谱

在朋友圈销售中，展现"专业靠谱"的形象至关重要，因为这能够建立信任感，促使潜在客户更愿意购买你的产品或服务。以下是一些展现你的专业性和可靠性的具体方法：

分享专业知识：定期发布与你所销售产品相关的专业知识或行业资讯。这些内容可以是文章、图表、视频或音频，旨在展示你的专业素养。

解决客户问题：当客户在朋友圈或私信中提出问题时，给予及时、准确和专业的回答。展示你能够解决他们痛点的能力。

成功案例展示：分享之前客户的成功案例，说明你的产品或服务如何帮助他们解决问题或实现目标。这能够证明你的专业性和产品的有效性。

证书与资质：如果有相关的证书或资质，不妨在朋友圈中展示。这些可以证明你的专业背景和能力。

与行业专家合作：如果可能的话，与行业内的专家或意见领袖合作，并展示这些合作关系。这将提升你的专业形象。

清晰的产品介绍：对产品进行详细、准确的介绍，包括功能、使用方法、适用场景等。这能够体现你对产品的深入了解。

提供优质的售后服务：确保提供卓越的客户服务，包括快速的响应、有效的解决方案和友好的态度。在朋友圈中分享客户对你服务的正面反馈。

8. 点赞评论

在上文中给大家分享了销售的核心底层逻辑之一，即你和客户之间互动的频次越高，你的成交概率就越大。现在，我每天在刷朋友圈的时候顺手点个赞已经是一种常态，刚开始我要求自己每天不少于给 50 个好友点赞，给 30 个好友评论，点赞比较简单，评论相对来说难一些。

当客户发朋友圈之后，我们应该如何给对方写评论呢？

比如，当好友发旅游相关的朋友圈时你可以评论：

● 姐姐，好羡慕你呀，你这是打算用双脚丈量这个世界吗？真会生活！

● 一个人去旅行也别有味道，有机会可以尝试一下，整个世界都会安静下来。

● 能跟家人一起出去旅行真好，我都很少有机会跟家人相聚。

● 每年能出去旅行几次生活都会和谐美好很多，真幸福！

9. 私信跟进

私聊是成交客户的有效方式，比如客户给你的某个活动点赞之后，你可以通过私信的形式直接转化成交。这个方法大多数情况下针对的是精准客户或者已经成交客户。给大家分享一个刚添加微信的客户和已成交一次的客户私信跟进的框架。

刚添加微信的客户：

步骤	行动项	话题 / 内容	时间点 / 频率
1	打招呼与自我介绍	发送亲切的问候，简短介绍自己及公司 / 产品	立即
2	建立初步信任	分享公司 / 产品的正面评价、客户反馈等	当天或次日

续表

步骤	行动项	话题 / 内容	时间点 / 频率
3	了解客户需求	询问客户对产品/服务的兴趣点，了解基本需求	在建立信任后
4	发现共同话题	查看客户朋友圈，寻找共同兴趣点或话题	在了解客户需求后
5	提供价值与帮助	分享行业动态、使用技巧等有价值的信息，提供解决问题的建议	根据客户需求和兴趣点定期发送
6	逐步引导与跟进	根据客户反馈逐步深入话题，设定合适的跟进频率	每隔2~3天跟进一次，根据客户反应调整频率
7	活动促单	如果还没有开单就可以给一定优惠活动（超高客单价的周期相对较长，比如买房、买车等）	添加好友7天、15天、21天的时候

已成交一次的客户：

步骤	行动项	话题 / 内容	时间点 / 频率
1	维护关系与感谢	发送感谢信息，回顾合作经历，强调互惠关系	成交后立即发送，之后每月至少一次
2	提供持续价值与服务	分享产品/服务更新信息、优惠活动，主动询问使用情况并提供支持	每月至少一次，根据客户需求适时提供
3	拓展业务与合作	探讨新业务需求或合作机会，提供个性化解决方案或建议	每季度至少一次，根据客户需求和市场变化适时调整
4	请求反馈与推荐	请求客户提供产品/服务反馈意见，鼓励客户向亲朋好友推荐	成交后一周内请求反馈，之后不定期鼓励推荐

请注意，以上流程仅供参考，实际操作时需要根据客户的

具体情况和公司的业务特点进行调整。同时，要保持与客户的
良好沟通，关注客户的反馈和需求变化，及时调整跟进策略。

一对一拜访销售

一对一拜访并不是直接成交，而是通过一对一拜访大客户的方式，让对方感觉到你的重视，增加信任，为后面成交做好铺垫。比如我在一次饭局上认识了一个企业老板，过了几天正好去她所在的城市出差，就约了过去拜访。我提前买好了花束，见面先送给她和助理一束花，这就拉近了我们的距离；我还带过去很多礼盒样品，对方立刻就说要把公司的礼盒订单交给我们来做。

一对一拜访要把握以下几点：

◆ **不卖产品卖人品。**无论是初次见面还是老友拜访，过程中产品及方案的介绍要靠后，要在这个人对你有了一定的认可之后才可以介绍产品和方案。这是让对方放下单纯比价的思维认知，可以多互动一些你的个人经历、案例故事、信任背书等让客户对你先建立良好的认识。

◆ **信任是成交的前提。**信任不到，价格不报。获取用户信任主要是通过渠道、客情关系、日常互动，让客户了解到真实的你，专业且靠谱，如果有推荐人会更快加速信任关系的建立。

◆ **见面越多成交机会越大。**在条件允许的情况下，尽可能地创造更多见面机会。销售的核心就是见面的频次，客户愿意见你，那么就有成交的机会。比如在各个商会、协会、校友会这些圈子内高频地参加活动，也可以增加你和潜在客户见面的机会。

1. 适用场景与行业

一对一拜访成交流程适用于多种场景和行业，尤其是那些需要建立长期客户关系、了解客户需求并提供个性化解决方案的场合。以下是一些适合一对一拜访成交流程的场景和行业：

◆ **企业对企业（B2B）销售：**在B2B环境中，销售人员通常需要与潜在客户的关键决策者进行面对面的交流。一对一拜访有助于建立信任，深入讨论业务需求，并提供量身定制的解决方案。礼品供应链公司就属于这一类别，大客户的集中采购占据平台流水的大部分份额。

◆ **高价值产品或服务：**当产品或服务的价格较高，客户需要更详细的解释和个性化的服务时，一对一拜访尤为重要。这包括豪华汽车、高端家居、定制化的软件解决方案等。

◆ **专业服务**：如金融咨询、法律顾问、会计服务等，这些行业中的专业人士需要通过一对一的沟通来深入了解客户的具体需求，并提供专业的建议和服务。

◆ **复杂的技术产品**：对于复杂的技术产品，如工业设备、医疗设备或高科技产品，客户可能需要销售人员亲自解释产品的功能、优势和操作方式。

◆ **客户关系维护**：除了新客户的开发，一对一拜访也适用于已有客户的维护。通过定期的拜访，销售人员可以了解客户的满意度，解决潜在问题，并寻找新的销售机会。

◆ **行业特定需求**：在某些行业中，如医疗保健、教育等，由于有特定的规定和需求，一对一拜访有助于更好地理解这些需求，并提供符合行业标准的解决方案。

◆ **定制化解决方案**：对于需要根据客户的具体需求进行定制的产品或服务，如定制化的软件、家具或建筑设计等，一对一拜访是了解客户详细需求的关键步骤。

一对一拜访并不一定要到这个企业公司去，也可以约对方一起吃个饭、一块喝个咖啡或者一起去参加某个活动，主要是通过私下一对一的链接建立起更强的信任关系。

2. 优势及劣势

面对面的交流有助于销售人员更深入地了解客户的业务、

挑战和需求，这种深度沟通是建立长期合作关系的基础。通过一对一的拜访，销售人员可以展示专业知识、解决方案和对客户的关注，从而建立起与客户之间的信任关系。在拜访过程中，销售人员可以即时获得客户的反馈，这有助于他们及时调整销售策略和产品方案。由于提供了个性化的服务和深度沟通，一对一拜访通常能够增加成交的机会。

但是一对一拜访成交模式相比其他销售方式需要更多的时间和资源投入，包括旅行时间、交通费用以及准备和跟进所需的时间和精力。由于时间和资源的限制，销售人员可能无法拜访所有的潜在客户，这可能会限制市场的覆盖面。同时，一对一拜访的效果很大程度上取决于销售人员的沟通和谈判技巧。如果销售人员缺乏这些技能，可能会影响拜访的效果。

而且有些客户可能不愿意接受一对一的拜访，或者对销售人员的拜访持保留态度，这可能会增加销售人员面临拒绝的风险。与其他销售方式相比，一对一拜访的效果可能更难以量化和衡量，这需要销售人员和销售团队具备有效的跟踪和评估机制。

如果把拜访当作一次深化信任的过程，不再以追求实时的销售数据为目标，那么一对一拜访就更有价值。

3. 拜访流程

（1）**拜访前的准备工作**。事先了解潜在客户的年龄、性别、地域（推断爱好，找共同话题，增加亲切感），（客户及其子女父母的）需求，拜访的意义（做代理商还是采购年货），身份地位（老板、采购、工会主席，能不能说了算），准备礼品和伴手礼。比如面见年龄偏大的女客户，可以考虑送深色、稳重色系的花束，如百合；男性则可以送健康养生的礼品，如玉米，或给他的爱人送花胶，给孙子孙女送孩子喜欢的礼品，并说明礼品是送给嫂子、孩子的。

此外，还需要注重礼仪和形象，包括穿着得体、言谈举止得当、态度热情诚恳等，通过良好的礼仪和形象，可以增强客户的信任感和好感。

（2）见面寒暄与互动。一对一拜访同龄潜在大客户时，可以从我们这个年龄段会做的事情切入，建立共同点，寻找与对方共同感兴趣的话题或活动，这有助于拉近关系。接下来，介绍自己的同时把最近做的事情阐述一下，例如事情做得怎么样，上了什么新产品等；再谈谈自己对这个行业、行情、整个大环境的态度。要客套礼貌地聊产品之外的事情，询问客户的业务痛点、目标等，跟客户谈同情同理心，顺便把自己的产品带出来。比如，"我真的特别理解你，今年的行情不太好，我们要求品质无添加，而工厂里能达到这个品质的货品没有那么多，品质达不到的我们宁愿不卖也不上架，所以我们将产品小包装化，进一步提升性价比后，40元的东西也上架卖，而且卖得出乎意料的好。"

（3）**留下下次拜访的理由**。留下再次见面的理由，为双方提供期待和动力，使关系更加紧密和有意义。当提出下次见面的理由时，相当于给对方传递了一个信号，即你重视与他们的交往，愿意花时间和精力继续深入交流，从而增强了客户的黏性和信任感，使你们的关系更加稳固。在再次见面时，可以继续探讨上次的话题，深化彼此之间的了解，或者展开其他种类产品的介绍和推销。此外，下次见面的理由还可以为双方创造一个继续保持联系的借口，为关系的进一步发展奠定基础。无论是商业合作还是个人交往，都需要不断地维护和加强。通过提出下次见面的理由，可以为双方创造更多的机会接触和互动，使关系得以持续发展，因此是非常必要的。

（4）**拜访结束后的工作**。结束拜访后，需要进行复盘和整理。这包括以下几点：首先，需要回顾整个拜访过程，总结经验和教训；其次，需要对客户的需求和问题进行整理和分析；再次，需要对客户的购买意向进行评估和预测；最后，需要给这个客户打上标签并建立档案记录。通过复盘整理，给这个人打标签做档案，可以更好地了解客户需求，有助于提高销售业绩并为未来的合作打下基础。

附件：

拜访方案表

编号：　　日期：　年　月　日

联系人		联系电话	
企业名称			
企业地址			
客户基本情况			
拜访情况	(初次拜访、二次拜访、其他)		
拜访目的：			
初次见面拜访细节：(非初次拜访，填无)			
目的达成情况及拜访细节：			
下一步工作：			
所需支持：			
下次拜访时间：		下次拜访目标：	

备注：①每份拜访客户的报告需完整仔细填写，访问达到预期效果方可视为有效拜访。
　　　②每次拜访中，访问同一客户对象多于一名时，归为一份访问报告。

圈子赞助销售

如果你的产品适合试吃、试用或者体验，可以考虑通过和各类圈子合作的形式进行产品的推广。

在使用赞助销售策略的时候你可以参考以下框架:

1. 确定目标圈子和活动

分析你的目标客户群体，了解他们可能参与的圈子类型（如协会、商会、校友会等)，研究这些圈子的活动日程，选择与产品相关且参与者众多的活动进行赞助。如果你的产品是男性偏好的产品就不太适合在女企业家协会赞助，比如白酒；如果你做的是红酒，则可以在女企业家协会活动上给予赞助。

2. 制订赞助计划

（1）**确定赞助预算**。根据你的营销预算，设定合理的赞助费用。一般都是提供产品赞助，根据参会人数估算成本，刚开始这个预算并不好制订，做得多了之后，大概就有个计算公式：比如一场活动到场多少人，你用多少成本的产品试吃，结束后的一个月内能够转化多少营业额。刚开始的时候可以相对保守一些，比如每桌提供一瓶红酒、一些零食或者试吃装，也可以提供一些伴手礼，让参会者带走。

（2）**设计赞助方案**。包括提供的产品或服务、展示方式、互动环节等。当我们提供赞助产品或者现金之后，一定要争取到一个可以露面的机会，哪怕只是做一个简单的自我介绍也可以。如果只是让你出赞助又不给发言的机会，这类赞助就可以不用考虑。如果主办方愿意给你在会场外建一个展台，或者主办方主持人在活动过程中愿意给你更多的介绍，比如加你的微信及产品的活动方案，那也可以考虑。

（3）**明确赞助目的**。是提升品牌知名度、拓展人脉关系还是直接促成销售？大部分圈子赞助都是以进行品牌曝光为主，添加潜在客户微信为辅，不追求实时的成交业绩。也就是一场赞助活动最次也要把到场参会的人都加到你的微信好友中来，平均加一个好友的成本不要超过20元。

3. 与圈子活动组织者沟通合作

联系圈子组织者，了解活动详情和赞助要求，提交赞助方案，协商合作细节，确保双方利益一致，签订合同并支付赞助费用，确保合作顺利进行。

有一些活动的赞助主办方会拿现场成交的销量分成，要沟通好相关的细节，比如能不能发言、如何放置展示物料、现场如何介绍等。

4. 准备赞助物资和人员

根据赞助方案准备所需物资，如产品样品、展示架、宣传资料等，安排专业人员在活动现场进行产品介绍、互动和解答疑问，为现场人员提供必要的培训，确保他们熟悉产品特点和营销策略。如果条件允许，最好每一个参会者的伴手礼袋里面都放上你公司的介绍。

5. 活动现场执行

提前到达活动现场，布置展示区域，确保一切准备就绪，试吃产品提前放置好，宣传物料提前摆放好，积极参与活动，与参与者互动，了解他们的需求和反馈，抓住机会进行产品演示和推广，吸引更多人的关注。

6. 后续跟进与评估

根据活动现场收集的微信和联系方式，及时进行后续跟进，了解参与者的反馈意见，评估赞助效果，总结经验教训。根据评估结果调整营销策略，为未来的赞助活动提供参考。

活动赞助的效果一般要在 1～3 个月能够显现，一定要做的是在活动现场添加的微信好友要做好微信昵称备注，方便后面统计哪些人是通过这个活动赞助成交的。

体验式销售

大多数行业都可以设计客户产品体验流程来达到客户成交的目的，如果客单价太高，可以根据客户的潜在需求设计一个引流的产品先抓住客户。如果你是一个家具卖场，可以设计一个99元的权益卡来吸引客户，到店之后如果客户没有购买就退100元或者赠送一个价值199元的乳胶枕；如果购买，99元可以抵扣1000元优惠券。在体验式销售中，一般可以分为沙龙品鉴、赞助品鉴、赠送体验及引流产品设计。

1. 沙龙品鉴

前面已经给大家讲解了沙龙销售的形式，品鉴会就更加简单，比如新品试吃会、年货试吃会。有一个做蛋糕的品牌，在济南有70多家门店，就是通过在各个园区组织试吃会的形式邀请这个园区里面的人事负责人来体验新品，并给出公司团购产品的优惠政策。到场嘉宾体验完之后成交概率就会大大提高。如果是装修公司，可以举办"家居美学沙龙"，在活动中展示不同风格的家居装修效果，提供设计咨询服务，并邀请业内专家分享装修知识和趋势。

2. 赞助品鉴

前文介绍了与圈子组织活动合作，提供产品赞助，目的是通过让到场嘉宾试吃品鉴的形式达到后端转化的目标。

3. 赠送体验

赠送产品本身应该归属于经营营销的成本，你送出去的产品会给你带来更多的客户黏性和回头客。在餐饮中做赠送体验的特别多，比如店长过来赠送一个果盘、一个凉菜或者一扎啤酒，都是能够拉近客户黏性的动作。

4. 引流产品

前文给大家讲解过引流产品的设计，通过引流产品让客户先感受到你的服务与产品的品质，吸引回头客，很多品牌的引流品之所以留不住人，主要是因为把引流品的品质降低，服务没有做好。

CHAPTER 7
深度服务

"成交不是结束，而是服务的开始。"一次交易的完成并不意味着与客户关系的终结，反而是建立长期、深度关系的起点。

当客户付费那一刻，我们要做好客户的档案，并根据客户的需求提供更加深度的服务产品，越是高客单的产品，越是要重视已付费客户的复购率及转介绍率。如何理解和具体操作深度服务呢？

在餐饮行业，一些高端餐厅不仅提供美食，还为顾客提供定制化的用餐体验。比如，根据顾客的口味偏好、饮食限制和特殊场合需求，量身定制菜单，并配以专业的侍酒师服务和私人管家服务。此外，餐厅还会定期邀请知名厨师举办烹饪课程，提升顾客的烹饪技巧，进一步加深与顾客的联系。

在旅游行业，一些高端旅行社会为客户提供定制化的旅行体验。根据客户的兴趣、预算和时间安排，量身定制旅行路线，并提供全程的导游服务、酒店预订、机票购买等一站式服务。在旅行过程中，旅行社还会根据客户的需求变化及时调整行程安排，确保客户获得最佳的旅行体验。

这些案例都体现了深度服务的核心理念：以客户需求为导向，提供个性化、专业化和持续化的服务。通过深度服务，企业能够与客户建立长期的信任关系，提升客户的忠诚度和复购率，从而实现业务的持续增长。

成交是服务的开始

意识引导行动，很多创业者和销售意识不到后端服务的重要性，想做也没有思路。客户服务是企业与客户之间建立长期关系的桥梁。当客户选择购买我们的产品时，他们不仅是在购买一件物品，更是在购买一种体验、一种信任。我们的责任不仅是提供产品，更是要提供超越期望的服务。客户服务不是简单的售前咨询或售后维修，它贯穿于整个交易过程。

从客户第一次接触到我们的产品，到购买、使用，再到后续的维护和升级，每一个环节都需要我们精心设计和执行。在售前阶段，我们要通过专业的咨询和解答，帮助客户了解产品的特点和优势，确保他们做出明智的购买决策。在交易过程中，我们要保证透明和公正，确保客户的权益得到充分保障。在售后阶段，我们要及时响应客户的需求和问题，提供有效的解决方案，确保客户在使用过程中得到最佳体验。

1. 客户服务的深远意义

优质的客户服务能够为企业创造多方面的价值。当客户感受到企业的真诚关怀和专业服务时，他们更有可能成为忠实拥趸，长期支持企业的产品和服务。在竞争激烈的市场环境中，一家以客户为中心的企业往往能够脱颖而出，赢得消费者的青睐和尊重。通过与客户的沟通交流，企业可以及时调整战略方向，优化产品设计，从而更好地满足市场需求。

2. 构建卓越的客户服务体系

要提供卓越的客户服务，企业需要建立一套完善的服务体系。这包括：

- **客户档案**：详细记录客户的基本信息、购买记录和服务需求，以便为客户提供个性化的服务。
- **专业培训**：定期为员工提供客户服务培训，提升他们的沟通技巧、问题解决能力和专业知识水平。
- **多渠道服务**：通过电话、社交媒体等多种渠道为客户提供便捷的服务支持，确保客户在任何时候都能获得及时帮助。

●**持续跟进与反馈**：定期回访客户，了解他们对产品和服务的满意度，收集宝贵意见，以便不断改进和提升服务水平。

3. 将客户服务融入企业文化

卓越的客户服务不仅是一系列流程和制度的简单叠加，更是一种深入骨髓的企业文化。企业需要从上至下贯彻客户至上的理念，让每一位员工都深刻理解并践行这一核心价值观。只有当客户服务成为企业文化的重要组成部分时，企业才能在激烈的市场竞争中立于不败之地。

在这个以消费者为主导的时代，企业的成功不再仅仅取决于产品的质量和价格，更在于能否提供超越客户期望的优质服务。因此，将客户服务作为重中之重，不仅是企业生存和发展的必然选择，更是实现可持续增长和赢得未来市场的关键所在。

定期回访，
及时了解客户需求并提供后续支持

在品牌维护方面，客户回访是非常有效的机制。

1. 回访的时间点与方式选择

时间点：回访的时间点选择至关重要。一般来说，交易完成后的一周内是回访的最佳时期，此时客户对产品或服务的新鲜感尚未消退，且可能遇到的使用问题也刚刚开始显现。此外，产品更新、服务升级、节假日等也是回访的好时机。

方式：建议以微信回访为主，电话回访为辅，如果这个客户没有回复你的微信再给对方打电话。

案例：某家电商企业会在客户购买大型家电后的一周内

进行电话回访，确认产品是否安装到位、使用是否顺畅。同时，他们还会通过邮件定期发送产品保养指南和优惠信息，保持与客户的长期联系。

2. 深入了解客户需求

在回访过程中，通过开放式问题和积极倾听，企业可以深入了解客户的实际使用体验和潜在需求。

案例：一家软件服务公司在回访中发现，许多客户对软件的某个特定功能使用频率较低。通过深入交流，他们了解到这些客户对该功能的操作流程感到困惑。于是，公司迅速调整了软件界面设计，并制作了详细的操作指南，大大提升了客户的使用满意度。

3. 提供个性化支持

基于回访中收集的信息，企业应为客户提供个性化的支持方案，包括定制化的产品培训、针对性的问题解决方案、甚至是为特定客户群体开发新产品或服务。

案例：一家健身器材制造商在回访中了解到，一些老年客户使用高科技健身设备感到困难。为此，他们专门开发了一款简单易用的健身器材，并提供了详细的操作指导和贴心的客户服务，成功赢得了这一细分市场的青睐。

4. 持续跟踪与反馈

定期回访不应是一次性的活动，而应是一个持续的过程。通过定期跟踪客户的反馈和使用情况，企业可以不断优化产品和服务，实现与客户的共同成长。

案例：一家在线教育平台会定期回访其付费用户，了解他们的学习进度和体验。根据用户的反馈，平台不断优化课程内容和教学方法，并提供个性化的学习路径建议。这种持续的改进和关注使得该平台在用户中树立了良好的口碑，实现了业务的持续增长。

贡献价值，
提供超越产品本身的价值与服务

深度服务是在为客户提供更多的价值，客户成交之后并不需要着急刺激客户进行第二次的复购，我会通过三个方面来给已成交客户贡献价值，为后续的合作打下基础。

1. 提供专业支持

商业的核心逻辑就是信息差，你的专业能力就是核心的竞争力之一，比如当我的客户成交之后，我会制作有针对性的福利方案，以优惠的价格获得客户更好的反馈，不同产品、礼盒的使用说明，也都会制作好并告知客户。

2. 增值服务

增值服务是通过提供超出基本产品或服务范围的好处来增

加客户满意度和忠诚度的有效手段。这些服务可以是免费的，也可以是需要额外付费的，但它们都应该为客户提供额外的价值。比如一家电商平台除了提供基本的在线购物服务外，还为会员客户提供一系列增值服务，包括免费试用新品、会员专属折扣、优先配送等。此外，该平台还与一些合作伙伴合作，为会员客户提供跨界的优惠和服务，比如酒店预订折扣、电影票优惠等。通过这些增值服务，该平台成功吸引了大量忠实会员，实现了业务的持续增长。

3. 链接更多资源

在人脉链接一章中我已经给大家分享了通过传递他人的价值来放大你的链接能力和影响力的方法，这个环节也与之类似。如果已经成交的客户有什么需求，正好你的另一个客户能够提供这类需求，那就可以把他们链接在一起。

发现需求，
洞察客户需求并提供解决方案

当客户付费之后，你就要明白一个关键点，即他不只是对你的这一个产品有需求。你服务的是这个人而不是这个产品。

1. 关联需求

关联需求是指客户在购买某一主要产品或服务时，可能还需要其他与之相关或互补的产品或服务。满足关联需求可以为客户提供更完整的解决方案，增强客户体验和满意度，同时也能为企业带来额外的销售机会和利润。比如我的一个开烧烤店的代理，除了在店内销售烧烤，还专门拿出一个区域销售礼盒产品，通过用户需求进行关联销售，实现利润增长。

关联需求可以分为几种类型：

> **互补性产品**：与主要产品共同使用以提高效用或功能的产品。比如，打印机和墨盒、手机和充电器。
>
> **配件或附加品**：增加主要产品功能、保护或个性化的物品。比如，汽车和汽车座椅套、笔记本电脑和电脑包。
>
> **服务与支持**：与主要产品相关的安装、维修、保养或培训服务。比如，空调安装服务、软件技术支持。
>
> **消耗品**：主要产品使用过程中需要定期更换的物品。比如，打印机的纸张和墨水、咖啡机和咖啡豆。

比如，家电行业中客户购买了一台新的智能冰箱，除了冰箱本身，他们可能还需要购买冰箱除味剂、保鲜盒和冰箱贴等配件。此外，如果冰箱具有联网功能，客户还可能对智能家居服务感兴趣，如智能温控器、智能灯泡等。

再如，一位健身爱好者购买了一台跑步机，他可能还需要购买运动服装、运动鞋、心率监测设备和健身补给品。健身房或健身器材销售商可以通过提供这些关联产品来全方位满足客户的需求。

满足关联需求，可以将主要产品与关联产品组合在一起以优惠价格销售，如家庭影院套装（包括电视机、音响和 DVD 播放器）；或者采用交叉销售的形式，在销售主要产品时向客户推荐其他关联产品，如在购买相机时推荐相机包和三脚架；再或者是推荐增值服务，提供与主要产品相关的附加服务，如安装、调试、培训等。

2. 名誉需求

比如，按照消费的金额贡献值，给你的消费者发放门店合伙人的身份证书，同时享受门店终身折扣的权益，这种做法就是在用名誉的需求来刺激消费者，让消费者和品牌之间联系更紧密。

极致利他，始终将客户利益放在首位

"极致利他"是一个以客户为中心的经营理念，强调始终将客户的利益放在首位。通过深入了解客户需求、提供卓越的产品和服务、建立客户至上的企业文化等方式，与客户建立长期稳定的合作关系。

1. 真心对客户好

要真心对客户好，需要从客户的角度出发，关注他们的需求和感受。具体来说是通过市场调研、客户访谈等方式，了解客户的真实需求和痛点。确保提供的产品或服务能够满足客户的期望，并注重细节，让客户感受到被重视和被关怀。对于客户的建议和投诉，要及时响应并处理，展现出对客户的尊重和重视。不仅在产品或服务上，还在相关的行业知识、市场动态等方面为客户提供持续的价值。

2. 条件允许时帮助客户省钱

在销售政策允许的范围内，帮助客户节省成本是提高客户满意度和忠诚度的重要方式。具体来说，要根据市场情况和客户需求制订有针对性的优惠和促销政策，帮助客户降低购买成本。根据客户的预算和需求，推荐性价比高的产品或服务，让客户在有限的预算内获得最大的价值。对于能够降低客户运营成本的产品或服务，提供节能降耗的建议和方案，帮助客户实现长期的成本节约。比如有些餐饮门店，看到一桌只有三个人吃饭的情况时，会及时提醒顾客点单太多可能吃不完。再如，你即将在一周后做一个活动，那就可以提醒客户如果不着急可以等。

3. 产品要能帮助客户解决问题

要确保你提供的产品或服务能够真正帮助客户解决问题，首先，需要通过与客户沟通、市场调研等方式，深入了解客户当前面临的问题和挑战。其次，根据客户的具体情况和需求，提供定制化的产品或服务解决方案，确保能够精准地解决客户的问题。最后，在提供产品或服务后，持续跟踪客户的反馈和使用情况，及时发现并解决问题，不断改进和优化产品或服务。

同时，也要关注行业动态和技术发展，及时将最新的技术和理念融入产品或服务，为客户提供更优质的解决方案。

提供上述深度服务就是为了让客户感知到除了产品本身之外的服务价值，让客户有更好的体验，从而带动客户的复购率及转介绍。

CHAPTER 8
持续行动

或许你有很多梦想，一直在计划着有一个机会开始实施。比如准备在新的一年里瘦二十斤，但是一直拖着，想着到年底再开始减肥。

　　我的一个朋友在二十年前问一个前辈要干什么才能够实现财富自由，那个前辈跟他说，从现在开始每天更新一篇文章，坚持十年。他在那时候还是一个无名之辈，但是他把这句话听进去了，最早在QQ空间里面写文章，现在在公众号上写文章，不仅写历史、人文还有商业，到现在为止已经更新了二十年，竟然一天都没有断更过。为什么写文章能够让一个人赚到钱？因为你为了写文章就需要每天输入大量的信息及知识，迫使你不断学习成长，当个人能力成长起来的时候，无论做什么项目，成功的概率都会很高。

　　人与人之间的智商差距是很小的，但为什么人们得到的结果却不同？主要是因为每个人的坚持不同。同样一件事，有的人能够坚持下来，而有的人只能够坚持几天。只有坚持下来的人，才能看见成功的曙光。

识别并克服行动中的障碍

曾经我也像大多数人一样，每年都会制订新一年的目标，但是基本上都是完不成的，经过多年的尝试，终于找到了影响目标达成的 5 个最核心的阻碍。

1. 目标不清晰

当我们的目标模糊不清时，就像是在茫茫大海中迷失了方向。这种情况下，我们很容易感到迷茫和无力，不知道应该朝哪个方向努力。为了克服这一障碍，我们需要确保目标具有明确性、可衡量性和可实现性。制定目标时，可以采用 SMART 原则，即目标应该是具体的（Specific）、可衡量的（Measurable）、可实现的（Achievable）、相关的（Relevant）和时限的（Time-bound）。同时，我们还可以将目标分解为若干个子目标，逐步

233

完成，以保持动力和方向感。例如，你想成为一名作家，可以将目标细化为每周写作一定数量的文章，并在一定时间内完成一部作品。这样，你就能更清晰地看到自己的进度，从而保持动力。

2. 反馈不及时

反馈是行动过程中不可或缺的一环。反馈是最好的激励，也是最能够量化的指标。它可以让我们了解行动的成效，及时调整策略。然而，在实际行动中，我们可能会遇到反馈不及时的情况，这会导致我们无法及时了解自己的表现和问题，从而影响持续行动的动力和效果。为了克服这一障碍，我们可以主动寻求反馈，定期与相关人员或导师沟通，了解他们对我们的评价和建议。此外，我们还可以建立自我反馈机制，如定期回顾自己的行动和成果，总结经验教训，以便及时调整和改进。比如小明是一名销售人员，但他的销售业绩一直不佳。由于缺乏及时的反馈，他无法找到自己的问题所在。后来，他决定每天记录自己的销售情况，并请教经验丰富的同事。通过自我反馈和他人的建议，他逐渐发现了自己的问题并加以改进，最终实现了销售业绩的提升。

再如，你是一名创业者，一直在努力推广自己的产品，但很长一段时间内都没有看到明显的成效。后来，你决定建立自我反馈机制，每周回顾自己的推广策略和效果，并记录下来。通过这种方式，逐渐发现了自己的问题所在，并及时调整了策略。

3. 易受到周围环境的影响

我们的行动往往受到周围环境的影响，包括人际关系、工作和生活环境等。有时候，周围的人或环境可能会对我们的行动产生干扰或阻碍，使我们难以保持持续行动的状态。为了克服这一障碍，我们可以采取一些措施来减少环境对我们行动的干扰。比如，建立良好的人际关系网络，与积极向上的人交流互动；优化工作和生活环境，创造有利于行动的条件；设定专门的工作时间和空间，避免被其他事务分散注意力等。如果你生活在一个三线城市或者县城，每周可能都会有很多饭局，各种朋友轮流请客吃饭，你又不好意思推托，最后只能被同化，不仅浪费时间，而且没有得到任何成长的机会。小芳是一名健身爱好者，但她的朋友们都不喜欢运动，她每次提议一起去健身房时，总是遭到拒绝。这种环境影响了她的健身动力，为了克服这一障碍，她决定加入一个健身社群，与志同道合的人一起运动。在新的环境中，她找到了动力和支持，坚持健身并取得了显著的效果。

4. 不会站在时间的维度上思考问题

时间是我们行动的最大敌人之一。有时候，我们可能会因为时间紧迫或安排不当而无法保持持续行动的状态。为了克服这一障碍，我们需要学会站在时间的维度上思考问题，合理规划和管理时间。我们可以采用一些时间管理技巧和方法，如制定详细的时间计划表、设定优先级、避免拖延等。此外，我们还可以通过培养时间观念和自律精神来提高时间的利用效率。

实现长期的目标往往需要长时间的付出和努力，而在这个过程中，我们可能会因为看不到短期内的成果而感到沮丧。为了克服这一障碍，我们也需要学会站在时间的维度上思考问题，理解目标的长期价值，并学会享受行动过程中的成长和收获。

5. 不注重细节

细节决定成败，不注重细节可能会导致我们的行动出现漏洞或失误，从而影响最终的结果。为了克服这一障碍，我们需要学会关注细节，注重行动的质量和效果。在行动过程中，我们可以采用一些细节管理技巧和方法，如制订详细的行动计划、关注每一个环节的质量、及时纠正错误等。此外，我们还可以通过提高自己的专业素养和技能水平来提高对细节的把握能力。

迈出行动第一步，开启成功旅程

向内看见，向外生长。我希望每一个女性创业者都能够先看到强大的自己，再通过自己的生命去影响其他生命。在本书的结尾，我将给大家分享一下开始行动后的注意事项。

1. 调整能量

能量是万事之源。正视自己，少一些抱怨，少一些内耗，多考虑积极的事情，多做让你能够提升能量的事情。哪怕你现在并不知道要做什么项目，未来的方向在哪儿，但只要你具备了正向的能量，我相信你成就一番事业只是时间问题。

2. 发自内心地持续成长

当我们拥有了积极的能量之后，就要开始给自己树立目标，你想成为一个什么样的人？你愿不愿意为了你想成为的样子付出足够多的时间和精力？要培养对知识的渴求，不断学习新技能，拓展自己的视野。阅读书籍、参加培训、与智者交流，都是成长的途径。但更重要的是，要将所学应用于实践，通过反思和总结不断提升自己。只有发自内心地追求成长，我们才能不断进步，离成功更近一步。

3. 完善产品体系

在商业世界中，产品是我们与客户连接的桥梁。要打造一款成功的产品，首先要深入了解市场需求和客户痛点，确保产品定位准确。同时，注重产品质量和客户体验，不断进行优化和升级。通过收集客户反馈和市场数据，及时调整产品策略，保持产品的竞争力。只有不断完善产品体系，我们才能赢得客户的信任和市场的认可。

4. 建立自己的人脉网络与销售渠道

具备了一定的产品能力后，就需要考虑如何通过人脉网络建立自己的渠道。当你自己没有正能量、个人成长能力不足，也没有自己的产品体系的时候，你拥有再多的人脉也是无效的，大家为什么要帮助你？要主动出击，积极参加各类社交活动，结交志同道合的朋友和合作伙伴。利用社交媒体和网络平台，扩大自己的影响力，吸引潜在客户。同时，建立多元化的销售渠道，如线上商城、实体店、合作伙伴等，确保产品能够触达更多目标客户。通过不断维护和拓展人脉网络和销售渠道，我们可以为成功奠定坚实的基础。

5. 灵活使用各种成交方法

这本书中给大家分享了很多高客单成交的方法，我们可以根据客户的需求和心理特点选择合适的成交方法，如限时优惠、赠品促销、会员制度等。同时，我们还要不断地尝试和创新，寻找更适合自己的成交方法。通过灵活使用各种成交方法，我们可以提高销售效率、增加销售额，创造更多价值。

6. 做好客户的深度服务

我们要时刻关注客户的需求和反馈，要关注客户的全流程体验，从售前咨询到售后服务都要做到细致入微。建立客户档案，定期回访客户，了解客户的需求变化和反馈意见，及时进行调整和改进，提供超出期望的服务体验。通过与客户建立深厚的信任和合作关系，我们可以赢得客户的忠诚和口碑传播。深度服务不仅可以帮助我们稳定客户群体、提高客户满意度，还能为我们带来更多的商业机会和发展空间。

7. 执行才是一切

　　无论我们有多少好的想法和计划，如果没有执行力将它们付诸实践，那么一切都将化为泡影。我们要保持对目标的坚定信念和决心，不畏艰难、勇往直前。通过强大的执行力，我们可以将想法转化为现实、将计划落实为行动，最终实现我们的成功目标。要克服拖延和惰性，制订明确的计划和目标，并付诸实践。保持自律和专注，坚持执行到底，直到达成预期成果。